KB271099

한국교회의 미래를 여는

52코스
영성&전도 생활훈련

OIKOS

영성생활
1-26코스

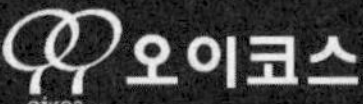
오이코스

52코스 영성&전도 생활훈련(영성생활)

초판 인쇄   2012년 9월 18일
초판 발행   2012년 9월 25일
지은이   이상만
펴낸이   이상만
교정   김문숙
디자인   이나영
펴낸곳   오이코스
등록번호   제 2005-000224호
주소   서울 강남구 광평로56길 8-13(수서동) 수서타워 1902호
             tel. 02-409-3452
             www.oikoskorea.com

ISBN 9788995703984 13230

값 6,000원

한국교회의 미래를 여는

52코스
영성&전도 생활훈련

OIKOS

영성생활
1-26코스

목차

오늘날 한국교회의 미래를 어떻게 열어가야 할까요? 어떻게 하면 영성과 전도가 이끄는 건강한 교회가 될 수 있을까요? 이러한 질문과 함께 영성생활과 전도생활이 함께 묶어져 <52코스 두 생활훈련> 교재가 탄생되었습니다(두 생활 시리즈). 이는 21세기 한국교회의 미래를 여는 기독교 고품격 생활훈련이요, 신개념의 교회성장운동입니다.

1 52코스 영성&전도 생활훈련

영성생활과 전도생활, 두 생활이 함께 가야 합니다

사랑의 위대한 계명(마 22:37-40)과 전도의 지상명령(마 28:19-20)이 함께 가야하듯이, 영성생활과 전도생활도 함께 가야 합니다. 영성과 전도가 만나 시너지 효과(상승작용)를 발휘하여 복음의 꽃을 활짝 피우고, 전도의 열매를 맺는다면, 이보다 더 아름다운 삶은 없습니다. 우리 크리스천의 바람직한 삶은 영성과 전도의 생활화입니다.

52코스 두 생활훈련의 3가지 특징

1) 교회의 본질회복과 전도의 기본기 다지기

교회의 본질을 회복하고 전도의 기본기를 다지는 영성&전도 생활훈련입니다. 더 나아가 교회의 품격과 이미지를 높이는 두 생활훈련입니다. 두 생활훈련을 통해 섬기시는 교회의 건강을 총체적으로 점검하고, 영성과 전도를 중심으로 **건강한 교회**로 새롭게 시작하기 바랍니다. 그러면 전도는 자연스럽게 됩니다.

2) 질적 성숙과 양적 성장이 동시에

질적 성숙과 양적 성장이 동시에 일어나게 하는 크리스천 두 생활 훈련입니다. 두 생활훈련을 통해 오이코스전도가 생활화되고 갑절로 부흥하는 건강한 교회가 되기를 바랍니다.

3) 한국교회의 미래와 희망

두 생활훈련은 한국교회의 미래를 여는 기독교 고품격 생활훈련입니다. 두 생활훈련 매뉴얼을 등대삼아, 오늘날 교회의 부흥을 가로막는 모든 장애를 제거하고 막힌 담을 허물고, 교회의 품격과 이미지를 높이며 21세기 새로운 부흥을 열어 가기를 바랍니다.

2 교재 & 훈련 가이드

52코스 교재 가이드

<52코스 영성&전도 생활훈련>은 영성생활(26코스)과 전도생활(26코스)이 한 세트로 구성되어 있습니다. 영성생활훈련과 전도생활훈련 중 어느 것을 먼저 실시해도 무방합니다.

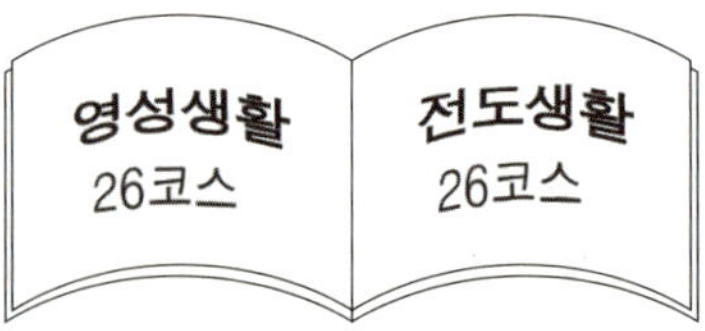

52코스 훈련 가이드

1) 훈련일정(기간과 회수)

8단계 26코스 : 영성생활과 전도생활은 각각 '8단계 26코스'로 되어 있습니다. 따라서 8회(8단계)에 걸쳐 훈련을 실시할 수도 있고, 또는 26회(26코스)에 걸쳐 실시할 수도 있습니다. 가급적이면 26회에 걸쳐 훈련하기를 바랍니다.

2) 대화식 생활훈련

함께 읽고 나누는 대화식 영성과 전도 생활훈련입니다.

3) Step by Step 훈련

1코스부터 26코스까지 코스를 밟아 올라가는 생활훈련입니다. 그러한 코스들이 차곡차곡 쌓여감으로 영성과 전도 기본기가 회복되고 '전도하는 건강한 교회'가 됩니다.

4) Q 질문 숙고하기

매 코스마다 3개의 Q 질문이 나옵니다. Q 질문을 서로 나누고 깊이 숙고하기를 바랍니다. Q 질문은 삶의 의미, 목적, 가치, 방향 등, 삶에 관한 영성적 질문입니다.

5) 훈련모임(집회)

주일오전예배, 주일오후예배, 삼일예배, 구역모임, 전도팀, 각종 소그룹 등, 교회의 모든 집회나 모임에서 실시할 수가 있습니다.

훈련의 중요성

훈련을 쌓고 쌓아 어느 정도 생활화(습관화)가 되면 비로소 우리는 자유인이 됩니다. 영성과 전도는 환상이 아니라 훈련(수행)을 통해 생활화됩니다.

영성생활과 전도생활에 대해 전문가가 되어 자유함을 느끼며 즐길 수 있을 때까지 생활훈련을 계속합시다. 프로 축구선수가 축구공을 자유자재로 다루듯이, 피아니스트가 피아노를 자유자재로 연주하듯이, 우리는 전도사역을 그렇게 자유자재로 할 수 있어야 합니다. "진리를 알지니 진리가 너희를 자유롭게 하리라"(요 8:32).

훈련의 3대 법칙

1) 선택의 법칙 : 우리는 영성회복과 영적 성장, 그리고 영혼구원과 교회부흥을 위해 <두 생활훈련>을 선택했습니다.
2) 집중의 법칙 : 선택했으면 훈련에 전적으로 집중해야 합니다.
3) 반복의 법칙 : 집중은 반복입니다. 52코스 영성과 전도가 생활화 되기까지 매일 '52코스 매뉴얼'을 반복적으로 훈련합시다.

새 일이 일어날 것입니다

"보라 내가 새 일을 행하리니 이제 나타낼 것이라 너희가 그것을 알지 못하겠느냐 반드시 내가 광야에 길을 사막에 강을 내리니"(사 43:19).

"보라 지금은 은혜 받을 만할 때요 구원의 날이로다"(고후 6:1-2).

3 영성생활 매뉴얼 1-26코스

이 책은 '영성생활 매뉴얼'(1-26코스) 교재입니다. 영성생활을 통해 주님께서 보여주신 지순지고(至純至高)한 영성을 회복하고, 일상의 삶 가운데 영성의 꽃을 활짝 피워 전도의 열매를 가득 맺기를 바랍니다.

오이코스 영성생활은 예수 그리스도의 가르침과 삶의 핵심원리를 담고 있는 기독교 생활영성입니다. 오이코스 영성생활을 통해 경건한 영성을 일상의 삶에 뿌리 내려서 신앙생활의 품격을 한층 높입시다. 고품격 생활영성시대를 활짝 열어 갑시다.

'영성생활'이란 무엇입니까?

영성생활은 성경대로 사는 경건한 삶입니다. 모름지기 크리스천의 모든 삶은 영성생활이 되어야 마땅합니다. 보다 자세한 것은 <1단계 영성생활로의 초대>를 참조하기 바랍니다.

새로운 부흥을 주옵소서 Give us new revival

21세기 새시대, 새로운 부흥을 주옵소서!
부흥의 새로운 장이 열리게 하옵소서!
갑절의 부흥을 주옵소서!

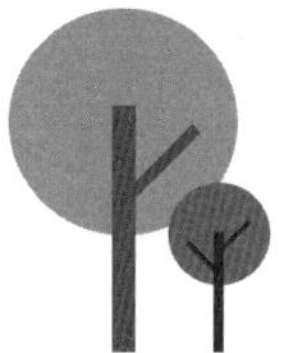

부흥을 갈망하세요

어떻게 하면 우리 교회가 부흥할 수 있을까요? 날마다 부흥을 사모하며 부흥을 꿈꾸십시오. 심령의 부흥, 가정의 부흥, 교회의 부흥 등, 부흥을 갈망합시다. 갈망에는 꿈과 비전, 열정과 도전 등이 모두 포함되어 있습니다.

"부흥운동은 하나님의 주권적인 선물이지만 그 부흥운동이 아무 곳에서나 일어나는 것이 아니라 간절히 사모하는 곳에서 일어납니다"(조나단 에드워드).

"하나님께서는 사모하지 않는 곳에 부흥을 허락하신 사례가 없습니다.

다시 한 번 놀라운 부흥의 역사, 성령의 충만한 역사, 이 민족을 살리는 역사가 우리 가운데 시작되기를 바라는 마음 간절합니다"(박용규).

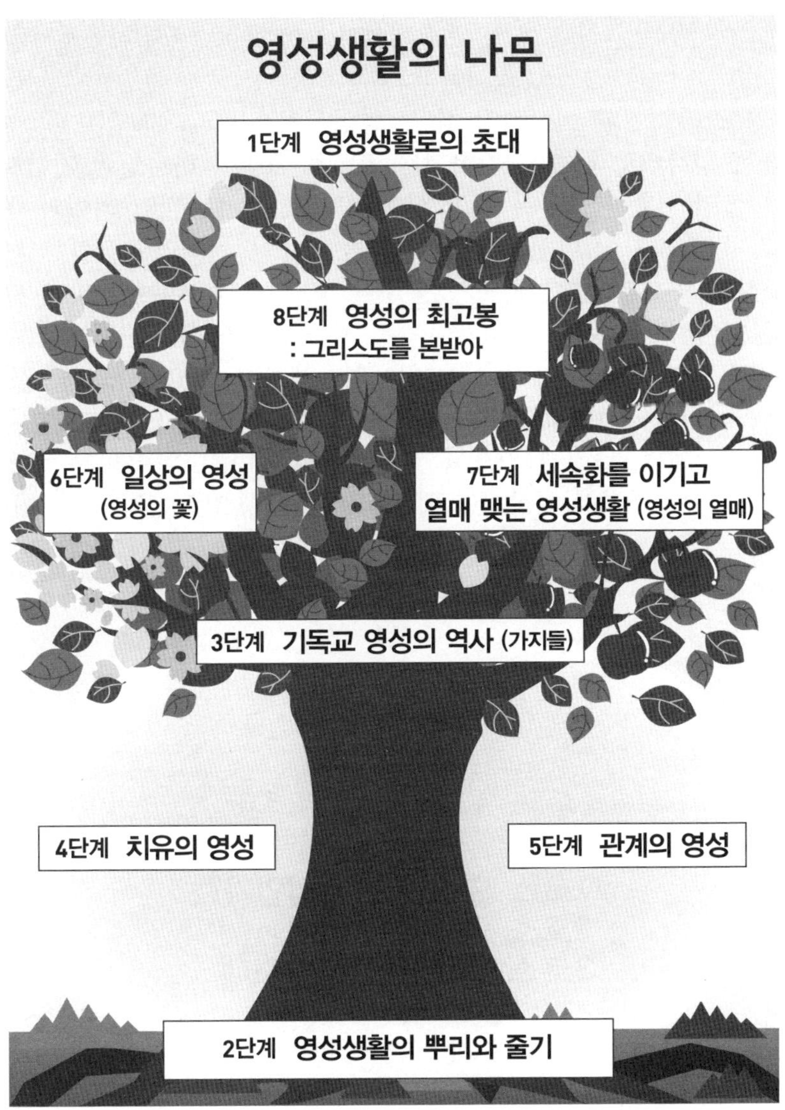

1단계 영성생활로의 초대

"내 심령 속에, 그리고 이 땅 위에 영성의 강이 흘러넘치게 하옵소서!"

우리 크리스천의 이상적인 삶은 '영성생활'(spiritual life)입니다. 영성생활은 성경대로 사는 경건한 삶이요, 내 중심에 하나님이 거하시는 영적 삶입니다. 지금까지 나의 삶을 지배하던 세속적인 의미와 목적과 가치, 그리고 잡다한 염려와 불안을 모두 떨쳐버리고, 하나님께서 인도하는 곳으로 나아가며, 모든 것을 오직 하나님에게만 맞춘 단순한 삶입니다.

이제 우리는 하나님께서 이끄시는 영성생활을 하고자 합니다. 하나님께서 주관하시는 영성생활은 진정한 쉼과 회복이 있고, 거룩한 기쁨이 일어나며, 잔잔한 감동과 향기가 흘러넘치는 아름다운 삶입니다. 우리 크리스천의 이상적인 웰빙(well being)생활은 영성생활입니다.

1단계 영성생활로의 초대

1코스 영성이란 무엇인가?
2코스 영성은 삶이다
3코스 영성생활로의 초대

1코스 '영성'이란 무엇인가?

전통적 기독교 영성 이해와 정의

성경본문
하나님이 모든 것을 지으시되 때를 따라 아름답게 하셨고 또 사람들에게는 영원을 사모하는 마음을 주셨느니라 _전 3:11_

영성이란 무엇입니까? 영성의 정의에 대해 살펴봅시다. 오늘날 영성이란 말이 워낙 다양한 분야에서 다양하게 사용되고 있기에, 영성의 정의 또한, 매우 다양해서 정의하기가 쉽지 않습니다.

심지어 기독교 안에서 조차도 그 의미를 꼭 집어서 정의하기가 쉽지 않습니다. 왜냐하면 기독교는 복잡하고 다양한 배경 속에서 발전되어 왔기에, 교파나 신학의 종류에 따라 그 의미가 다양하게 사용되어져왔기 때문입니다. 각기 다른 기독교 전통에서 다양한 색깔을 띠고 발전해온 영성들을 한마디로 정의 하는 것이 쉽지 않습니다.

요즈음 '영성'이란 말은 코에 걸면 코걸이, 귀에 걸면 귀걸이로 쓰이는 유행어가 되어 버렸습니다. 현대인들은 영성을 '과잉'으로 사용하고 있기 때문에 분별해서 사용할 필요가 있습니다. 그래서 영성의 의미와 정의를 정확히 이해할 필요가 있습니다.

1 다양한 영성, 올바른 이해

'영성'(spirituality)이란 말은 '영'(靈 spirit)이란 의미를 지닌 히브리어, '루아흐'(ruach)에서 유래하였습니다. 루아흐는 '영' 이외에도 '호흡'이나 '바람'을 의미하는 말이기도 합니다. '영'은 사람에게 생명을 주고 생기를 불어 넣는 것입니다. 따라서 영성은 사람들의 신앙과 삶에 생명과 생기를 주며, 그 인격과 삶이 성숙되게 하는 것입니다.

영성의 다양성과 대중화
오늘날 영성이란 말이 얼마나 다양하게 사용되고 있습니까? 기독교의 영성, 자연의 영성, 식물의 영성, 나체주의의 영성, 몸의 영성, 단순함의 영성, 고구려의 영성, 도자기의 영성, 차의 영성, 스포츠의 영성 등, 오늘날 현대인들은 다양한 분야에서 다양한 의미로 사용하고 있습니다. 이 용어가 현대인들에게 매우 인기 있다는 것은 퍽 고무적인 일이나, 무분별하게 사용되어지고 있다는 점에서는 우려가 됩니다.

물론 긍정적인 면도 있습니다. 영성이란 말은 포용력이 크고 신축성이 강합니다. 그래서 웬 만한 것에는 다 영성이란 용어를 사용할 수가 있습니다. 영성을 사용하면 의사소통이 잘 되는 것처럼 보일 정도입니다. 이러한 요소들이 현대인들에게는 매력적으로 보이는 것이 틀림없습니다. 그러므로 오늘날 현대인들은 '영성'이란 말을 매우 다양하게 애용하고 있는 것입니다.

영성은 누구나 알고 있습니다. 하지만 영성을 제대로 아는 사람은 드물다고 할 수 있습니다. 그 이유는 우리가 영성이란 말을 너무 자주 듣고 사용함으로 대중화되었기 때문입니다. 이는 마치 '인간', '사랑', '결혼', '삶' 등의 말이 대중화되어 워낙 다양하게 사용되기에 그 의미를 꼭 집어 설명하기가 쉽지 않은 것과 마찬가지입니다.

기독교 영성의 다양성 이해와 균형잡기
나무가 대지에 깊이 뿌리박고 있듯이, 기독교 영성은 기독교 전통에 깊이 뿌리박고 있어야 합니다. 그럴 때에 우리의 영성생활은 흔들리지 않고 풍요로워질 수 있는 것입니다. 전통의 특징 중에 하나가 다양성입니다. 기독교 영성운동은 다양한 전통 속에서, 다양하게 전개되어 오늘날에 이른 것입니다.

교회사에 있어서 영성운동은 각양각지에서 다양하게 피워난 꽃으로 비유할 수 있습니다. 워낙 다양하기에 전체를 한 눈에 파악하는 것이 결코 쉬운 일이 아닙니다. 우리는 그리스도 안에서 다양성을 인정하고 존중해야 합니다. 하나님은 심지어 손가락 다섯 개도 각각 다르게 만드셨습니다.

이러한 다양함 속에서 영성을 추구할 때, 우선적으로 필요한 것이 조화와 균형입니다. 하나님께서 만드신 몸의 구조를 보면 하나님께서는 조화와 균형을 좋아하십니다. 우리의 얼굴과 신체는 멋진 조화와 균형을 이루고 있습니다.

더 나아가 균형잡힌 기독교 영성은 우리의 마음을 평화롭게 하고, 마음과 몸을 치유하고, 삶에 생기와 활기를 불어넣어 줍니다. 영성의 눈으로 보면 세상은 신비와 기적으로 가득 차 있고, 매사가 즐겁고 아름답습니다.

Q 오늘날 왜 '영성'이란 말이 다양하게 사용되어지고 있다고 생각합니까?

2 기독교 영성의 정의

일반적으로 영성을 '인간의 영적인 성향'이라고 간략하게 정의할 수 있습니다. 기독교 정의는 여기서 '하나님의 체험과 그리스도를 본받음과 성령 안에서의 삶'과 관련하여 좀 더 분명하게 나아가야 합니다. 다시 말해서 인간은 하나님의 피조물로서 본질적으로 하나님께 의존하며 하나님을 갈망하고 있습니다. 마치 젖먹이 자녀가 부모를 의존하며 갈망하듯이 그렇게 갈망하고 있는 것입니다. 이는 하나님께서 우리 속에 하나님과 영원한 삶을 갈망하는 마음을 심어 놓았기 때문입니다(전 3:11).

"당신은 손수 우리를 만드셨습니다. 그래서 당신 안에서 안식하기 전까지는 우리들의 마음은 그 어떤 안식도 진정으로 느낄 수가 없습니다"(어거스틴, 고백록 1권 1장).

이는 기독교 영성 분야에서 가장 많이 인용되고 있는 어거스틴의 유명한 고백입니다. 어거스틴의 고백처럼 우리의 내면에는 소유, 명예, 성공, 쾌락 등, 세상적인 그 어떤 것으로는 결코 채워지지 않는 공간이 있습니다. 이 공간은 오직 영혼의 주인이신 하나님과의 만남과 임재 교제 등으로만 채워지지는 영성적 공간입니다. 이 공간이 채워지지 않는 한 우리는 결코 만족함이 없습니다. 하나님만이 영혼의 참 위로자이시고, 마음의 참된 즐거움입니다.

영성은 인간이라면 누구나 다 가지고 있는 하나님을 찾고 영원을 사모하는 본능입니다. 기독교 영성이란 우리의 주인이신 하나님과 우리의 본향인 천국으로 돌아가려는 일종의 귀속본능입니다.

삼위일체 하나님에 토대를 둔 기독교 영성의 정의

기독교 영성은 삼위일체 하나님과 직접적인 연관을 맺고 있습니다. 왜냐하면 인간은 하나님의 형상을 입고 태어난 하나님의 피조물로서 본질적으로 하나님과 영적 삶을 추구하는 성향을 가지고 있기 때문입니다. 기독교 영성은 한마디로 하나님으로 시작해서 하나님과의 관계 속에서 하나님으로 끝나는 것입니다(엡 3장 참조). 그래서 이 책에서는 삼위일체 하나님과 관련 하에 다음과 같이 기독교 영성의 정의를 내립니다.

> 기독교 영성은 삼위일체 하나님께 집중하는 가운데,
> 예수 그리스도 안에서 성령의 인도를 받아,
> 하나님의 형상을 회복하고,
> 성경말씀대로 살아가려는 영적 성향이다.

개신교에서는 일반적으로 '영성'을 '경건'과 거의 동일시하여 '영성훈련'을 '경건에 이르는 연습'(딤전 4:7)으로 '영성생활'을 '경건생활'로 보았습니다.

Q 기독교 영성의 정의를 암송하고 묵상합시다.

3 인간은 영성적 존재입니다

"우리의 형상을 따라 우리의 모양대로 우리가 사람을 만들고"(창 1:26).

우리 모두는 영성적 존재입니다. 우리는 보이는 현상세계에 살고 있지만 신비롭고 경이한 영원한 세계를 갈망하며 살고 있습니다. 유한한 생명을 가지고 있지만 영원한 삶을 갈망하고 있습니다.

인간은 영적인 존재, 즉 영물(靈物)입니다. 그러므로 영성이란 기독교, 불교, 이슬람교 등, 종교를 떠나서 인간이라면 누구에게나 있는 것입니다.

인간이 영적인 존재라고 할 때는 자기를 살펴보며 반성하고 회개할 수 있는 능력이 있다는 것입니다. 더 나아가 인간은 초월적인 존재와 세계, 즉 하나님과 하나님의 나라를 갈망하는 존재입니다. 그러므로 영성은 인간 본능의 영역에 속합니다. 이는 동물과 비교하면 확연히 드러나는 사실입니다.

하나님을 향한 빈 공간

일찍이 어거스틴이 말했듯이 인간의 내면에는 하나님 외에는 채울 수 없는 빈 공간이 있습니다. 빈 공간은 채우려는 특성이 있습니다. 무엇이든지 비워 있으면 채우려는 욕구가 있는 것입니다. 인간 영혼의 빈 공간도 마찬가지입니다. 빈 공간을 채우기 위해 하나님을 향한 동경과 그리움이 있습니다.

한편 인간의 빈 공간이 하나님으로 채워져야 하는데 하나님 외에 다른 어떤 것으로 채워진다면 결국 문제가 발생합니다. 우상숭배에 빠지게 되는 것입니다.

우리의 가슴을 뛰게 하는 영성생활!

영성이란 말은 언제나 우리의 가슴을 뛰게 합니다. 우리 모두는 영성을 필요로 하고, 영성을 알고 싶어 합니다. 존재의 뿌리까지 기독교의 참된 영성이 살아 있는 멋진 삶을 갈망합니다. 종교적인 외형과 기독교 무늬만 있는 삶이 아니라, 하나님의 형상이 회복되고 그리스도의 향기가 물씬 풍겨나는 영성적 삶을 갈망합니다.

한국교회는 구원과 은혜, 축복과 간구 등은 많이 가르치고 있지만, '구원 그 이후의 크리스천의 삶'에 대해서는 소홀히 하는 경향이 있습니다. 그래서 한국교인들은 매일같이 필요한 것을 얻기 위해 하나님께 부르짖기만 하는 교인으로 전락하지 않았나 하는 안타까움이 있습니다.

사실 하나님께서 주신 각양 좋은 것이 내 안에 풍성하게 있는데, 우리는 그것을 깨닫고 누리고 나누는 삶이 부족한 것은 아닐까요? 그러므로 어린애처럼 마냥 더 달라고 보채고 있는 것은 아닐까요? 당신의 경우는 어떻습니까?

구원 그 이후, 우리는 어떻게 살 것인가?

기독교 영성생활을 통해 한국교회의 신앙 풍토가 확 바뀌었으면 좋겠습니다. "구원 그 이후, 우리는 어떻게 살 것인가?"란 질문을 붙들고 기도하며 이미 하나님께서 주신 각양 좋은 것들을 풍성히 누리고 나누는 성숙한 교회가 되었으면 합니다.

"구원의 삶을 어떻게 일상적인 나날의 삶으로 끌어올 것인가?" 이

질문에 대한 해답은 영성생활입니다. 기독교 영성생활은 구원을 날마다 일상의 삶에서 체험할 수 있게 해줍니다.

Q 크리스천으로서 우리 모두가 갈망하는 삶은 어떤 삶입니까?
당신이 갈망하는 삶은 어떤 삶입니까?

그러면 우리는 어떻게 살 것인가?

각 코스 마지막에는 **그러면 우리는 어떻게 살 것인가?** 질문이 있습니다. 기독교 영성은 싱경내로 사는 경건한 삶과 직결됩니다. 크리스천으로서 우리는 한 번 밖에 주어지지 않은 소중한 삶을 어떻게 살아야 합니까? 각 코스에서 배우고 나누고 묵상한 영성을 일상의 삶 속에서 뿌리 내리기를 바랍니다. 영성의 꽃이 만발한 향기로운 삶이 되기를 바랍니다.

그러면 우리는 어떻게 살 것인가?

1) 실천해야 할 삶 (나)

우리 모두는 영성적 존재입니다. 그러면 우리는 어떻게 살 것인가? 그 답은 <영성생활>입니다. 이 교재를 읽고, 배우고, 묵상하고, 깨달은 것을 먼저 내 삶 속에서 내가 먼저 그대로 실천합시다.

2) 나누어야 할 사역 (교회 공동체)

이번에 우리 교회 공동체가 다같이 <52코스 영성&전도생활훈련>에 참여해서 영성을 회복하고 새롭게 부흥할 수 있도록 서로 권면하고 기도합시다.

3) 나누고 섬겨야 할 과제 (예비신자 오이코스)

예비신자들을 만나 영성을 주제로 대화를 나누고, 우리 인간의 영적 속성에 대해 이야기하며, 그들이 영혼의 주인이신 하나님을 만날 수 있도록 적극적으로 섬깁시다.

* '오이코스'(oikos)는 신약성경에 빈번하게 나오는 헬라어입니다(행 16:31-34 참조). 이 단어는 주로 '집'과 그 집안에 거주하는 '가족'을 의미합니다. 여기서는 우리의 관계망 안에 있는 전도대상자인 '예비신자'를 가리킵니다.

2코스 영성은 삶이다

성경본문
하나님이여 주는 나의 하나님이시라 내가 간절히 주를 찾되 물이 없어 마르고 황폐한 땅에서 내 영혼이 주를 갈망하며 내 육체가 주를 앙모하나이다 시 63:1

영성은 하나님을 간절히 찾는 삶이요, 하나님을 갈망하는 목마름입니다. 그 목마름이 하나님 중심의 단순하고 경건한 삶을 낳습니다. 그러한 경건한 삶이 영성생활입니다(참조 엡 5:15-20).

영성의 핵심은 삶입니다
영성의 핵심과 포커스는 삶입니다. 영성은 삶과 직결됩니다. 하나님을 기쁘시게 하는 경건한 삶입니다. 눈물겹도록 아름답고 감동적인 삶입니다. 그리스도 안에서 풍성하게 열매 맺는 삶입니다.

1 영성과 삶

"영성은 하나님의 영 안에 있는 삶과 하나님의 영과 살아 있는 교제입니다"(위르겐 몰트만).
현대인에게는 삶이 없습니다. 온통 물질과 소유와 쾌락에 사로잡힌 바쁜 스케줄만 있을 뿐입니다. 기독교 영성은 내 삶이 올바른 방향으로 제대로 가고 있는지, 늘 내 삶을 성찰하게 합니다. 내 삶의 의미와 가치, 목적과 방향은 무엇입니까?

현대인의 문제점과 갈등

사실 우리시대의 가장 심각한 문제점은 외형적인 요소보다는 영성과 도덕과 같은 내면적인 문제입니다. 만약 현대인들이 이런 문제를 해결하지 못한다면 행복은커녕 생존조차 보장받지 못할 것입니다. 현대인들은 사방에서 파멸의 위협을 받고, 허황된 행복을 속삭이는 위험한 약속과 환상에 에워싸여 있습니다.

왜 사람들은 삶에 지쳐서 포로처럼 하루하루 힘겹게 살아가고 있는 것일까요? 늘 평안과 기쁨과 감격 속에서 행복하게 살 수는 없는 것일까요? 우리는 예수님의 삶과 가르침에서 그 해답을 찾을 수가 있습니다. 그 해답은 하나님 중심의 단순한 삶, 즉 영성생활입니다.

당신의 삶은 안녕하십니까?

우리의 삶이 힘겨운 까닭은 성령에 이끌린 하나님 중심의 영성생활이 아닌, 우리 자신의 욕심에 이끌린 세속적인 생활을 하기 때문입니다. 비록 우리가 크리스천이라고 할지라도, 그러한 세속적 삶을 살고 있다면, 타락한 성자의 뒷모습과 같이 쓸쓸하고 애처로울 따름입니다. 우리는 경건한 삶을 이야기하고 있지만 정작 경건한 삶을 살아낼 능력이 우리에게 있을까요? 우리는 어떻게 경건한 삶을 살 수 있을까요?

내 삶의 변화

삶의 변화를 가져오지 못하는 신앙생활은 허무합니다. 변화가 없는 겉치레의 신앙생활에는 진정한 아름다움과 향기가 없습니다. 거기에는 종교의 주변을 맴도는 말과 무의미한 논쟁만 일삼으며, 시니컬한 대화만 오고 가는 피상적인 삶만 있을 뿐입니다.

오늘날 영성생활의 중요성을 인식합시다

"오늘날 한국교회는 문제는 삶이 없다는 것입니다. 멋진 비전을 제시하고 화려한 말을 하고 굉장한 글은 쓰지만, 그에 따른 삶에 없다는 것입니다. 진리가 신학과 말 속에서만 있지 실제 삶 속에는 없다는 것입니다. 이것이 오늘날 한국교회의 수치요 문제점입니다"(홍정길).

 게다가 많은 이들이 "한국교회가 너무 가볍고 경박해지고 있는 것은 아닌가?"하고 우려합니다. 이런 시점에서 삶의 깊이와 경건성을 더해주는 영성생활훈련이 절실히 필요합니다. 오늘날 우리 한국교회는 '영성회복과 경건한 삶의 실천'이 어느 때보다 중요합니다.

 우리는 명심해야 합니다. 우리의 신앙햇수가 더해 갈수록 신앙과 삶 또한, 그 깊이를 더해 가야 합니다.

Q 한국교회에 영성생활이 절실하게 필요한 이유는 무엇입니까?

2 '영성생활'이란 무엇인가?

 영성생활이란 성부 하나님께 우리의 마음과 삶을 집중하는 가운데 성자 예수 그리스도 안에서 성령의 인도를 받아 성경말씀대로 사는 경건한 삶입니다. 죄성(罪性)을 가진 유한적인 피조물인 인간이 초월적인 삼위일체 하나님과의 관계형성을 통해 새로운 피조물로(고전 2:14-15; 고후 5:17) 바뀌어 나아가는 영적 여정을 말합니다.

 에베소서는 영성생활이 무엇인지를 구체적으로 보여주고 있습니다. "너희는 유혹의 욕심을 따라 썩어져 가는 구습을 따르는 옛 사람을 벗어 버리고 오직 너희의 심령이 새롭게 되어 하나님을 따라 의와 진리의 거룩함으로 지으심을 받은 새 사람을 입으라"(엡 4:22-24).

 영성생활은 하나님께 우리 자신을 온전히 내어드리는 삶입니다. 믿음의 조상 아브라함은 가는 곳이 어디인지를 전혀 알지 못했지만, 하나님을 전적으로 신뢰함으로 하나님의 이끄심대로 하나님을 따라 나섰습니다(창 12:1-4). 이것이 영성생활입니다.

1) 영성생활은 하나님께서 창조하신 목적에 일치하는 삶입니다.

하나님께서 우리를 만드신 목적은 무엇입니까? 하나님은 우리가 존재하기 전부터 우리를 눈여겨보셨고, 영광스러운 삶을 이미 계획해 놓으셨습니다(엡 1:11). 그 본래의 모습을 회복해 나아가는 과정이 영성생활입니다.

하나님께서 계획하신 본래의 삶은 종교적인 외형과 기독교 무늬만 있는 삶이 아니라, 하나님의 형상을 입고 그리스도의 향기가 물씬 풍겨나는 놀라운 생명의 삶입니다. 그야말로 기도와 말씀묵상을 통해 하나님과의 관계형성이 일어나고, 더 나아가 '신의 성품'에 참예하는 거룩한 삶입니다(벤후 1:4). 하나님과 모든 창조세계와 조화롭게 살아가는 전인적인 삶입니다(롬 8:1-17 참조).

2) 영성생활은 하나님께 집중하는 삶입니다.

현대인들의 모든 감각 세포는 소란스러운 밖을 향해 쏠려 있습니다. 잠시의 감각적인 즐거움에 중독되어 있습니다. 부와 명예와 바쁜 스케줄이 성공적인 삶의 척도가 되고 있습니다. 그러한 가운데 자신의 내면세계는 날마다 황폐해지고 있습니다. 자신이 자각하지 못한 채 서서히 망가지고 있는 것입니다. 바로 이것이 현대인의 죽음에 이르는 병입니다.

영성생활이란 마음을 하나님께 집중하는 가운데 하나님의 임재 안에 머무는 삶입니다. 아기가 엄마 품 속에 안겨 엄마와 얼굴을 마주하며 기뻐하고 안식하며 친밀함을 누리듯이 하나님과 마주하며 그렇게 누리는 것이 영성생활입니다. "너희는 여호와의 선하심을 맛보아 알지어다"(시 34:8).

3) 영성생활은 순례자의 삶입니다.

순례자는 하나님께서 인도하는 곳으로 늘 새롭게 떠나는 존재입니다. 순례자는 이 세상의 조류를 거슬러 사는 자입니다. 세상에 대해서는 '아니오'라고 하고, 하나님께는 '예'라고 하며, 생명의 길을 묵묵히 걸어가는 자입니다.

순례자의 여정은 늘 한 곳, 하나님의 도성을 향해 나아갑니다. 미련할 정도로 오직 한 방향으로 나아가는 것입니다. 이 세상은 나의 집이 아니므로 나의 집, 본향을 향하여 갑니다. 본토 아비 친척의 집을 떠났던 아브라함과(창 12:1-4), 하나님의 뜻대로만 행하셨던 예수 그리스도가 전형적인 순례자의 모델입니다.

순례자는 이 땅이 아닌 본향을 바라보며 오늘이 마지막 날인 것처럼 열정을 다해 사는 자입니다. 항상 하나님 앞에서 '코람데오'(Coram Deo)의 신앙으로 경건에 힘쓰는 자입니다. 순례자는 전통적으로 하나님과의 관계성을 매우 중요시합니다. 순례자는 하나님을 너무 사랑하기에, 삶 그 자체가 예배요 영성생활이 됩니다.

Q 왜 오늘을 사는 우리에게 영성생활이 절실하게 필요합니까?

3 영성생활은 성경대로 사는 경건한 삶입니다

"오직 너희는 그리스도의 복음에 합당하게 생활하라"(빌 1:27).

여기서 **복음에 합당하게 생활하라**는 것은 **성경대로 살라**는 것입니다. 영성생활은 성경대로 사는 크리스천의 바람직한 삶, 즉 경건한 삶입니다.

성경대로 살자는 것은 신앙의 베이직(기본)**으로 돌아가서, 다시 시작하자**는 것입니다. 오이코스 영성생활은 기본에 충실한 영성생활을 하게 합니다. 기본은 하나님의 말씀 안에 있습니다. 기본으로 돌아가서 본질에 충실하면, 삶의 모든 장애를 뛰어 넘을 수 있습니다.

크리스천은 항상 복음의 본질에 충실해야 합니다. 특히 문제가 발생하고 일이 잘 안될 때에는 성경의 기본으로 돌아가 처음 사랑(초심)을 회복하여야만 합니다(계 2:1-5).

오이코스 영성생활은 성경대로 살자는 경건운동입니다.

오이코스 영성생활은 우리가 먼저 성경말씀대로 살자는 '말씀실천운동'입니다. 복음을 체질화하고 생활화하자는 '복음회복운동'입니다. 크리스천은 성경대로 숨 쉬고 말씀대로 사는 존재입니다. 기독교는 실천의 종교입니다. 성경은 일상의 삶 속에서 실천하기 위한 하나님의 말씀입니다.

우리 크리스천은 성경대로 사는 존재입니다. 초대교회 성도들은 단순히 복음을 이해하고 믿는 차원을 넘어 실제 복음을 온몸으로 체험하며 복음과 더불어 살았습니다. 복음이 그들의 일상생활, 그 자체가 되었습니다. "우리가 들은 바요, 눈으로 본 바요, 자세히 보고 우리 손으로 만진 바라"(요일 1:1).

Q 당신은 성경대로 사는 경건한 크리스천입니까?

2코스

그러면 우리는 어떻게 살 것인가?

1)실천해야 할 삶 (나)

나의 삶은 안녕합니까? 나 자신의 소중한 삶을 총체적으로 점검하기를 바랍니다. 그리고 성경대로 사는 경건한 삶으로 다같이 돌아갑시다.

2)나누어야 할 사역 (교회 공동체)

오늘을 사는 우리 크리스천에게 영성생활이 절실하게 필요한 이유가 무엇인지, 그리고 어떻게 영성생활을 할 수 있는지, 서로 나눕시다.

3)나누고 섬겨야 할 과제 (예비신자 오이코스)

주위 오이코스들에게 영성생활을 소개합시다. 영성생활에 대한 강한 호기심을 불러일으키며 전도합시다.

3코스 영성생활로의 초대

성경본문
볼찌어다 내가 문 밖에 서서 두드리노니 누구든지 내 음성을 듣고 문을 열면 내가 그에게로 들어가 그와 더불어 먹고 그는 나와 더불어 먹으리라 계 3:20

1 왜 영성생활인가?

금세기 들어 현대사회는 왜 영성에 열광합니까? 여기서 오늘날 현대인의 삶의 형편과 처지를 알아보고, 그것을 토대로 왜 현대인이 영적 갈증을 느끼며 영성생활을 필요로 하는지를 살펴보고자 합니다. 하나님으로부터 단 한 번 부여받은 소중한 인생을 가장 온전하게 살아낼 수 있는 최고의 지혜가 영성생활에 담겨져 있습니다.

1) 현대인은 마음의 평화를 잃고 내적 혼란과 갈등 속에 놓여 있습니다.

우리 시대는 그야말로 격변과 흥분, 그리고 혼돈의 시대입니다. 우리 사회는 매일 쏟아지는 엄청난 정보 속에서 현대인의 삶은 날마다 분주해지고 있습니다.

현대인은 일상의 삶 속에서 극도의 혼란을 겪는 가운데 마음의 평화를 호소하고 있습니다. 이러한 세태 속에서 빽빽한 스케줄 가운데 정신없이 살아가는 현대인은 감정조절을 하지 못해, 격심한 스트레스와 우울증(조울증) 등, 각종 심적 고통을 호소하고 있습니다. 따라서 현대인들이 종교를 찾는 이유 중의 하나가 '마음의 평화'를 얻기 위해서입니다. 우리는 이러한 사실에 주목할 필요가 있습니다. 마음의 평화를 구하는 영성생활은 시대적인 요청입니다.

2) 현대인은 대중문화에 중독되어 영성이 마비되어 있습니다.

오늘날 사탄은 대중문화를 동원하여 성도들의 영성생활을 방해함은 물론이고 아예 하나님을 떠나도록 온갖 간계를 다하고 있습니다.

지금의 대중문화는 인류 역사상 최초로 세계화된 문화요, 가장 강력한 기독교에 대한 도전입니다. 대중문화는 금세기 문명의 총아인 인터넷과 동맹하여 기독교를 압박해오고 있습니다. 영성을 마비시켜 그리스도인들을 화석화시키고 있습니다. 이 시대의 대중문화는 불나방을 유혹하는 불빛과도 같습니다. 많은 사람들이 불빛을 향하여 돌진하는 불나방과 같이 자살행위를 감행하고 있습니다. 심지어 크리스천조차도 자기 통제력을 상실한 채, 죽는 줄 알면서도 그 불빛을 향하여 돌진하고 있는 실정입니다. 대중문화는 인류 역사상 가장 거대한 도전입니다.

오늘날 대중문화는 가나안 바알문화와 흡사합니다. "바알문화는 우리의 기분을 좋게 해주는 것입니다. 바알 숭배는 우리가 그것을 통해 얻어낼 수 있는 것들에 전적으로 몰입하는 것입니다. 그리고 물론, 그것은 놀란 만큼 성공적이었습니다. 바알 제사장들은 야훼를 따르는 무리보다 20:1로 더 많은 수의 대중을 모을 수 있었습니다. 거기에는 섹스가 있었고, 흥분이 있었고, 음악이 있었고, 황홀경이 있었고, 춤이 있었습니다"(유진 피터슨).

3) 현대인은 인생의 진정한 목적과 의미를 상실한 채 허망하게 살아가고 있습니다.

인생의 목적과 의미를 잃으면 누구나 방황합니다. 현대인의 심각성은 여기에 있습니다. 인생의 방향감각을 상실한 현대인은 염려와 불안, 그리고 심각한 외로움에 시달리고 있습니다. 이로 인하여 현대인의 마음과 삶은 날로 황폐해지고 있습니다. 현대인의 영적 갈급함과 허탈감은 날로 심각해지고 있습니다.

영성작가 유진 피터슨은 허망하게 살아가는 현대인의 모습을 다음과 같이 묘사했습니다. "그토록 많은 사람이 어째서 그렇게 형편없이 살아가고 있는지 참으로 아이러니컬합니다. 악하게 산다기보다는 허망하게 살아가는 모습 말입니다. 비참하게 산다기보다는 미련하게 사는 모습, 우리 사회에서 두각을 나타내는 이들을 보면 흠모할 만한 면이 거의 없고 본받을 점은 더더욱 없습니다. 주변에 유명인사는 있으나 성인(聖人)은 전무한 형편입니다."

4) 현대인은 더 많이 일하나 즐거움은 줄어들고 있습니다.

현대인은 더 많이 일하나 삶의 여유와 기쁨은 오히려 줄어들고 있습니다. 바쁘지만 따분하고, 수많은 사람을 만나고 있지만, 외로움은 더 커지고 있습니다. 무엇이 문제입니까? 어디에서부터 문제가 발생했습니까?

요즈음 가까운 사람 사이의 대화 내용이 거의가 과한 업무, 피로감, 쉬고 싶다는 주제로 진행되는 것을 볼 수 있습니다. 잘 알고 지내는 사람에게 "요즘 어떻게 지내세요?"하고 인사하면 십중팔구는 "너무 바빠서 죽을 지경입니다", 혹은 "탈진하기 일보 직전입니다."라고 대답합니다. 이렇듯이 늘어나는 피로, 중압감, 탈진, 우울증, 내면의 황폐함 등이 현대사회의 심각한 문제점입니다.

우리 모두는 왜 이렇게 죽기 살기로 일합니까? 다시 한번 자신의 삶을 점검할 필요가 있습니다. 우리는 우리를 창조하셨고 우리를 새로운 삶으로 부르시는 하나님의 음성을 들을 여유조차 없이 바쁘게 살고 있지는 않습니까? 하나님과 분리된 채 외롭게 살고 있지는 않습니까? 이제는 발걸음을 멈추고 하나님의 음성에 바짝 귀를 기울입시다. 내 삶 속에서 하나님의 임재를 발견합시다. 영성생활을 통해 영적 침몰에서 일어납시다.

우리 내면에는 물질과 성공 등과 같은 세상적인 즐거움과 성취감으로 채울 수 없는 공간이 있습니다. 이 공간은 영적인 것으로만 채울 수 있는 공간입니다. 하나님께서 우리 내면에 '영원을 사모하는 마음'(전 3:11)을 주셨기에, 이 땅의 물질과 쾌락으로는 우리의 마음을 만족시킬 수가 없습니다. 영성생활은 머리만 비대해지고 마음은 자꾸 작아지는 현대인에게 절실히 필요한 합니다.

Q 현재의 나에게 영성생활이 필요한 이유는 무엇입니까?

2 그러면 우리는 어떻게 살 것인가?

금세기 들어 "삶을 어떻게 살 것인가"에 대한 관심이 부쩍 늘어났습니다. 갈수록 삶이 힘들어지고 있다는 이야기입니다. 우리는 죄와 유혹이 만연한 세상 가운데 수백만의 사람들과 다양한 관계 속에서 각자의 삶을 살아가고 있습니다. 그 관계 속에서 전혀 예기치 않았던 뜻밖의 일들이 매일같이 일어나고 있습니다. 그 가운데 우리의 아픔과 고통은 날마다 더 커져가고 있습니다.

영성은 기독교 신앙 가운데 일상의 삶과 직접적으로 관련된 실천분야입니다. 영성은 삶의 모든 영역에서 하나님을 체험하려는 영적 성향입니다. 성경말씀을 그대로 실천하고자 하는 영적 몸부림입니다. 하나님을 찾는 구도자적 삶입니다. 어디서 무슨 일을 하던 내가 선 자리에서 하나님을 바라보며, 하나님의 임재를 느끼는 경건한 삶입니다.

기독교 영성은 우리의 존재와 관계 등, 삶의 모든 영역을 포함합니다. 즉 신앙과 내면 활동뿐만 아니라 인간관계, 마음, 건강, 문화, 환경 등, 이 모든 것이 영성과 관련이 있습니다.

하나님께서는 우리가 예배하고 기도하고 성경공부하고 전도할 때뿐만 아니라, 우리가 일하고, 먹고, 쉬고, 노는 삶의 모든 부분을 바라보시며 기뻐하십니다. 우리의 움직임을 단 하나도 놓치지 않으시고 함께 하십니다. "주님께서 사람의 갈 길을 정하시고 삶의 모든 부분에 대해 기뻐하신다"(시 37:23 참조).

오이코스 영성생활은 영성의 현장인 일상의 삶과 현실을 강조합니다. 영성을 추구하기 위해 한적한 곳에서 홀로 거하는 시간도 있어야 하지만, 우리가 실제로 살고 있는 온 누리를 수도원으로 생각하고 세상에 뛰어들어 적극적인 자세로 영성을 실천하는 시간도 있어야 합니다. 영성생활은 양자가 서로 균형을 이루는 가운데 일상의 삶 속에서 영성의 싹을 틔우고 자라나서 꽃을 피울 것을 권하고 있습니다.

기독교 영성은 크리스천으로서 우리가 믿는 기독교 진리들을 일상생활 속에서 실천하는 경건한 삶입니다. 영성생활은 이론을 뛰어넘어, "그러면 어떻게 살 것인가?" 질문과 함께 우리가 실제상황에 뛰어들어 믿는 것을 삶으로 옮기는 실천입니다.

Q 현재 당신이 관심을 가지고 있는 삶의 분야는 무엇입니까?

3 영성의 세계로 초대하시는 예수 그리스도

볼찌어다 내가 문 밖에 서서 두드리노니 누구든지 내 음성을 듣고 문을 열면 내가 그에게로 들어가 그와 더불어 먹고 그는 나와 더불어 먹으리라(계 3:20).

우리를 영성생활로 초대하시는 초청인은 예수님이십니다. 예수님은 우리 마음의 문을 두드리십니다. "내가 들어가 너희와 함께 먹으리라." 식탁에서 함께 음식을 나누며 대화하는 친밀한 사귐을 원하십니다.

예수님은 영성생활의 모범을 보여 주셨고, 우리들도 그러한 삶을 살도록 한 사람 한 사람을 초청하십니다. 영성생활은 주님과 친밀한 삶입니다. 주님 앞에서 사는 삶이요(시 16:11), 주님과의 친밀한 관계 속에서 그 즐거움을 맛보는 삶입니다(요일 4:12). 주님께 우리 자신을 내어 드리는 삶입니다.

자 이제 주님의 초청에 응하여 마음의 문을 활짝 엽시다. 그리고 주님과 친밀한 교제를 나눕시다. 그러한 가운데 그동안 우리가 구원자와 심판자로만 알고 지냈던 근엄한 주님이 친구나 애인 등, 친밀한 관계로 다가옵니다. "너희를 친구라 하였노니 내가 내 아버지께 들은 것을 다 너희에게 알게 하였음이라"(요 15:15).

이 시간 옆 사람과 축하의 인사를 서로 건넵시다. 왜냐하면 우리는 예수 그리스도로부터 영성이 이끄는 놀라운 삶에 초대를 받았습니다. 그리고 우리는 영성생활의 관문을 통과하여 입구로 들어가고 있기 때문입니다. "축하합니다."

놀라운 영성생활의 세계

영성생활은 정말 놀랍습니다. 영성생활을 알고 나면 누구나 그 삶의 매력에 푹 빠질 것입니다. 당신도 예외가 될 수는 없습니다. 당신도 푹 빠질 것입니다. '놀랍다'란 말로는 오히려 부족합니다. 영성생활은 위대합니다. 하나님께서 일찍이 의도하신 놀랍고 멋진 삶입니다. 모든 경건한 사람들이 갈망하는 최상의 삶입니다.

당신이 처음 영성생활을 접할 때는 그 아름다움의 진가를 모를 수도 있습니다. 하지만 이 영성생활을 접하면 접할수록 매료 되어 안으로 깊숙이 빠져들게 될 것입니다.

그리스도 안에서 '영성의 향기와 거룩한 기쁨'에 흠뻑 취하라!

성령의 능력 안에 거하는 자들의 공통적인 현상은 영성의 향기와 거룩한 기쁨입니다. 기쁨은 성령의 기름 부으심의 상징인 것입니다. 그 대표적인 예가 아시시의 프랜시스와 그 형제들입니다. 그들은 영성의 향기와 거룩한 기쁨에 취해 마을에서 마을로 돌아다니며 복음을 전했습니다. 기쁨에 젖어 어쩔 줄 몰랐습니다. 마치 춤을 추듯이 그들의 발이 움직였습니다. 영성생활은 주님과 함께 춤추는 삶입니다.

당신은 성령에 사로잡힌 크리스천인가?
당신은 영성의 향기를 만끽하고 있는가?
당신은 거룩한 기쁨에 흠뻑 취해 있는가?
주님과 함께 춤추는 삶, 즉 영성생활을 갈망하는가?

영성생활을 통해 영성의 향기와 거룩한 기쁨에 흠뻑 취하시기를 바랍니다. 그리고 주님과 함께 춤추는 멋진 삶을 살기를 바랍니다.

Q 당신은 현재 주님과 함께 춤추는 멋진 삶을 갈망합니까?

그러면 우리는 어떻게 살 것인가?

1) 실천해야 할 삶 (나)

주님께서 지금 우리를 '영성생활'로 초대하십니다. 기쁘게 따라 나섭시다. 그리고 놀라운 변화를 기대하며 기도합시다. 지금부터 영성의 향기와 거룩한 기쁨에 흠뻑 취하기를 바랍니다. 그래서 내 세포 하나하나가 다 영성생활로 바뀌도록 합시다.

2) 나누어야 할 사역 (교회 공동체)

오늘 배우고 나누고 묵상한 '영성생활'의 내용을 당신의 배우자, 자녀, 친구, 이웃, 직장동료들과 나누십시오. 주변인과 나누는 것은 영성을 확실하게 체질화하고 생활화하기 위한 가장 효과적인 방법입니다. 우리는 서로 나누는 가운데 먼저 우리 자신이 새로워지고 주변 사람에게 영향을 끼치는 주요한 인물로 성장하게 되는 것입니다. 따라서 오늘 접한 영성생활의 내용들을 주변인들과 나누며, '영성생활훈련'을 소개하고, 더 나아가 이 훈련에 함께 참여해 볼 것을 적극 권합시다.

3) 나누고 섬겨야 할 과제 (예비신자 오이코스)

영성은 신자와 비신자 모두의 공통 관심사입니다. 기독교, 천주교, 불교 등 종교에 부정적인 사람도 영성에 대해서는 호감을 보입니다. 그러므로 '영성생활'을 주위 예비신자 오이코스에게 소개하고 대화합시다.

2단계 영성생활의 뿌리와 줄기

원천, 중심축, 바탕, 기본기

영성생활은 진공상태에서 명상과 상상, 또는 사색과 추리에 의해 이루어지는 것이 아닙니다. 영성생활은 반드시 원천이 있습니다. 기독교 영성의 원천은 '삼위일체 하나님'과 하나님의 말씀인 '성경'과 하나님이 지으신 '창조세계'입니다. 기독교 영성은 그 원천에서 시작되어야 마땅합니다. 다양한 기독교 영성전통은 한 원천에서 여러 곳으로 분출하는 샘물처럼 일어났던 것입니다.

기독교 영성생활은 전통적으로 하나님의 말씀과 창조세계에 깊이 뿌리 내리고 하나님께 가까이 나아갔습니다. 뿌리 깊은 나무는 바람에 흔들리지 않습니다.

"주여, 내가 당신을 사랑함은 어떤 모호한 느낌에서가 아니고, 확실한 의식을 가지고 하옵니다. 당신의 말씀이 내 가슴을 치신 날부터 나는 당신을 사랑하게 되었습니다. 그 뿐만 아니라 하늘과 땅과 그 안에 있는 모든 것들이 사방에서 내가 당신을 사랑해야 한다고 나에게 소리를 질러 말합니다"(어거스틴, 고백록, 1권 1장).

2단계 영성생활의 뿌리와 줄기

4코스 영성생활의 원천 : 삼위일체 하나님
5코스 영성생활의 중심축 : 하나님의 말씀과 창조세계
6코스 영성생활의 바탕 : 고요와 침묵 속에 말씀묵상(QT)
7코스 영성생활의 기본기 : 기도의 생활화

4코스 영성생활의 원천(源泉) : 삼위일체 하나님

성경말씀

이는 만물이 주에게서 나오고 주로 말미암고 주에게로 돌아감이라 그에게 영광이 세세에 있을지어다 아멘 롬 11:36

기독교 영성생활은 늘 삼위일체 하나님께 몰두하며 하나님과 동행하는 경건한 삶입니다. 끊임없이 하나님을 갈망하며 하나님의 뜻을 구하는 삶입니다. 기독교 영성은 많은 주제를 가지고 영성을 추구하지만, 결국 모든 주제의 마지막은 언제나 삼위일체 하나님이십니다. 우리 크리스천은 우리를 지으시고, 이 세상에 보내시고, 본향에서 우리를 기다리시는 삼위일체 하나님 때문에, 우리의 짧은 생애가 매우 신나고 의미 있는 시간이 될 수 있습니다.

늘 기억합시다. 우리는 영원부터 영원까지 하나님께 속해 있습니다. 우리가 태어나기도 전부터 하나님께 속해 있었고, 죽은 후에도 하나님께 속해 있을 것입니다. 우리 인간은 물고기가 체질상 물을 떠나서는 존재할 수 없듯이, 하나님을 떠나서는 결코 존재할 수가 없습니다.

1 성부 하나님: 만물을 지으심과 다스림

우리는 하나님에 대해 지식적으로 아는 것에 만족해서는 안됩니다. 우리의 삶 속에서 하나님의 존재와 손길을 날마다 경험할 수 있어야 합니다. 우리가 하나님과 친밀하면 친밀할수록 세상의 문제는 더 작아 보일 것이고, 염려와 불안은 적어질 것이고, 평안과 기쁨은 더 커질 것입니다.

하나님은 우리의 영적 갈증을 풀어줄 수 있는 샘물이며 우리의 영적 목마름을 채워주는 양식입니다. "너희는 여호와의 선하심을 맛보아 알지어다"(시 34:8). 크리스천은 하나님의 선하심과 영생을 맛보아야 합니다. 영생이란 "유일하신 참 하나님과 그가 보내신 자 예수 그리스도를 아는" 것입니다(요 17:3).

영성생활의 힘: 하나님을 즐거워하라

"여호와로 인하여 기뻐하는 것이 너희의 힘이니라"(느 8:10).

주님, 당신의 온전한 기쁨 안에 들어 갈 수 있도록 도와주소서!
세상적인 기쁨과 일시적인 기쁨은 버리게 하여 주옵소서!
당신의 기쁨에 완전히 젖게 하옵소서!

영성생활은 성령의 새 숲에 처해 날마디 기쁨에 젖이 사는 삶입니다. 하나님을 묵상하며 하나님과 함께 기뻐하며 춤추는 삶입니다. "사람이 사는 제일 되는 목적은 하나님을 영화롭게 하고 영원히 그를 즐거워하는 것입니다"(웨스트민스터 신앙고백, 소요리 문답 1장). 우리는 하나님이 누구인지를 알기 때문에 하나님을 찬양하고, 하나님이 어떤 일을 하셨는지 알기 때문에 하나님께 감사하고, 하나님이 어떤 일을 행하실지 기대하면서 하나님을 기뻐합니다.

인생에 있어서 참된 매력은 단 하나뿐입니다. 그것은 바로 하나님이십니다. 날마다 하나님께 가까이 나아가며 하나님과의 친밀한 관계 속에서 살고 싶습니다. 더 나아가 하나님과 친밀한 사귐을 통해 하나님의 형상을 회복하고, 예수 그리스도를 꼭 빼닮은 존재가 되고 싶습니다. 그리고 여호와 하나님만 섬기고 싶습니다. "오직 나와 내 집은 여호와를 섬기겠노라"(수 24:15).

하나님을 즐거워 할 뿐만 아니라, 하나님을 기쁘시게 하십시오. 당신이 무엇을 할 때 하나님이 가장 기뻐하십니까? 영화 <불의 전차, Chariots of Fire>에서 올림픽 달리기 선수였던 에릭 리델(Eric

Liddell)은 "하나님은 내가 빨리 달릴 수 있도록 만드셨어요. 그래서 나는 달릴 때 하나님이 기뻐하시는 걸 느껴요"라고 말했습니다.

그로 인해 그는 하나님을 미소 짓게 했습니다. 노아처럼 하나님의 기쁨이 되었습니다. "노아는 하나님께 기쁨이었다"(창 6:8 참조). 당신의 경우는 어떻습니까? 우리가 하나님의 기쁨이 되어 하나님을 기쁘시게 하면 우리의 마음도 하나님께서 주시는 기쁨으로 가득 차게 될 것입니다. "그런즉 우리는 몸으로 있든지 떠나든지 주를 기쁘시게 하는 자가 되기를 힘쓰노라"(고후 5:9).

Q 당신은 당신이 무엇을 할 때 하나님께서 가장 기뻐하신다고 생각하십니까? 그 일을 찾아 힘껏 매진해 봅시다.

2 성자 예수 그리스도: 성육신과 공생애

기독교 영성의 원천은 인간의 몸을 입고 이 땅에 오신 예수 그리스도이십니다. 그러므로 우리 크리스천은 성육신하신 예수 그리스도 안으로 들어가, 그 안에 머물려야 합니다. 기독교 영성에 있어서 성육신은 중대한 사건입니다. "말씀이 육신이 되어 우리 가운데 거하시매"(요 1:14). 교회는 성육신으로 인해 생겨났습니다.

예수 그리스도는 포도나무요 우리는 그에게 달린 가지입니다(요 15:5). 예수님의 가르침과 삶은 영성의 중심에 있습니다. 기독교 영성은 예수 그리스도의 인격과 삶을 우리 안에 심고, 그분을 닮아 가는 것입니다. 그러므로 예수 그리스도는 영성생활의 심장이요, 피요, 맥박입니다. "내가 곧 길이요 진리요 생명이니 나로 말미암지 않고는 아버지께로 올 자가 없느니라"(요 14:6).

특히 초대교회 크리스천의 영성은 철저히 그리스도 중심이었기에, 전통적으로 예수 그리스도의 인격과 삶과 가르침이 영성에 있어서 매우 중요한 위치를 차지하여 왔습니다. 기독교 역사상 경건한 성도들은 늘 주님을 철저히 따르고자 주님의 삶을 그대로 모방하고자 했습니다.

따라서 기독교 영성사에서 가장 두드러진 영성추구의 주제는 <그리스도를 본받아>였습니다. 그리스도의 성육신의 삶을 자신의 일상의 삶 속에서 구체적으로 실천하고자하는 것은 시대를 초월하여 모든 크리스천의 최대의 갈망이었습니다. 그 대표적인 인물이 아시시의 프랜시스와 토마스 아 켐피스입니다. 잘 알다시피 그리스도에게는 신성과 인성이 있는데, 신성은 우리가 찬양과 경배를 드려야 할 부분이고, 인성은 우리가 전적으로 본받아야 할 부분입니다.

주 예수를 깊이 묵상하라. 주 예수를 묵상하며 호흡하라.
숨을 들이 쉴 때 주 예수여 저를 불쌍히 여기소서!
숨을 내 쉴 때 주 예수여 저의 죄를 용서하여 주시옵소서!
(토마스 아 켐피스)

주님을 깊이 묵상하고 주님의 기쁨 안으로 들어가기

예수 그리스도를 깊이 묵상한다는 것은 예수 그리스도의 1)생각, 2)인격, 3)삶을 그대로 흡입한다는 것을 의미합니다. 더 나아가 그분의 말씀 안에서 기도 속으로, 그리고 거룩한 기쁨으로 들어간다는 것을 의미합니다.

주님께서 나를 사랑스럽게 응시하는 것을 느끼며 주님의 임재 안에서 기뻐하며 즐거워합시다. 그리고 나의 전 존재를 그분께 드립시다. 지금 "나는 주님으로부터 얼마나 사랑받고 있는 존재인가?"를 묵상합시다.

Q 당신은 예수 그리스도를 얼마나 사랑하며, 더 나아가 얼마나 빼닮은 크리스천입니까?

3　성령: 만물을 새롭게 하는 영

성령은 이 땅의 모든 생명체에게 생명을 주며 늘 새로운 생기를 불어넣고, 만물을 새롭게 하는 하나님의 영입니다. "주의 영을 보내어 그들을 창조하사 지면을 새롭게 하시나이다"(시 104:30). 우리를 변화시켜 하나님의 뜻 안에 살게 하는 것은 성령의 역할입니다.

영성의 생명수가 성령으로부터 유유하게 흘러나옵니다. 교회가 생명력과 역동성을 잃어가는 주된 원인 중에 하나는 성령에 대한 무관심 때문입니다. 우리에게 생명을 주시고 날마다 새로운 피조물이 되게 하시는 성령의 역할에 대한 무관심은 오늘날 교회를 위기에 몰아넣고, 그 생명력을 마비시킵니다. "만일 우리가 성령으로 살면 또한 성령으로 행할지니"(갈 5:25).

성령께서 성경말씀의 신비를 깨닫게 하시고, 우리 안에 머무르면서 우리의 영성생활을 이끌고 계십니다. "보혜사 곧 아버지께서 내 이름으로 보내실 성령 그가 너희에게 모든 것을 가르치고 내가 너희에게 말한 모든 것을 생각나게 하리라"(요 14:26).

삼위일체 하나님을 기쁘시게 하는 좋은 예배자가 됩시다(요 4:23)

예배는 하나님께 기쁨을 드리는 것입니다. 하나님을 기뻐시게 하는 말과 노래와 삶 등이 다 예배입니다. 예배는 삶의 일부가 아니라 삶 그 자체입니다. "예배에 대한 이해를 넓힐 필요가 있습니다. 어떤 사람은 찬양, 기도 그리고 설교가 있는 교회 예배 시간을 생각할 수도 있고, 또 어떤 사람은 의식, 촛불 그리고 성찬식을 생각할지도 모릅니다. 또는 치유, 기적 그리고 황홀한 경험들을 생각할 수도 있습니다. 예배는 이 모든 요소를 포함할 수 있지만, 이러한 표현들보다 훨씬 많은 것을 담고 있습니다. 예배는 삶의 방식 그 자체입니다"(릭 워렌).

우리가 어디에서 무엇을 하든지 그것이 하나님을 기쁘시게 하고 하나님의 영광을 드러내는 것이라면 그 모든 일이 하나님이 받으시는 예배가 될 수 있습니다. "그런즉 너희가 먹든지 마시든지 무엇을 하든지 다 하나님의 영광을 위하여 하라"(고전 10:31).

 예배 시간뿐만 아니라 일상의 삶 속에서도 삼위일체 하나님을 기쁘시게 하는 좋은 예배자가 됩시다. 좋은 예배자가 되기 위해서 우리는 어떻게 살아야 할까요?

4코스

그러면 우리는 어떻게 살 것인가?

1) 실천해야 할 삶 (나)

일상의 삶 가운데 늘 하나님의 임재를 느끼며 하나님을 즐거워합시다. 그리고 신령과 진정으로 예배드리고, 더 나아가 삶 속에서 늘 하나님을 기쁘시게 하는 좋은 예배자가 됩시다.

2) 나누어야 할 사역 (교회 공동체)

주위 교인들과 "어떻게 하면 좋은 예배자가 될 수 있는가?"를 주제로 대화를 나눕시다.

3) 나누고 섬겨야 할 과제 (예비신자 오이코스)

주위 예비신자들과 하나님의 존재와 예배에 대해서 대화하는 시간을 갖고, 더 나아가 그들을 예배에 초청합시다.

5코스 영성생활의 중심축 : 하나님의 말씀과 창조세계

성경본문

태초부터 있는 생명의 말씀에 관하여는 우리가 들은 바요 눈으로 본 바요 자세히 보고 우리의 손으로 만진 바라 요일 1:1

성경말씀과 창조세계는 영성생활의 두 축입니다. 천문학자 갈릴레이는 "하나님께서 우리에게 두 권의 책을 주셨는데 하나는 성경이라는 책이고 또 하나는 자연이라는 책이다"라고 하였습니다. 성경과 자연, 두 책을 자세히 살펴보면, 그 책 속에는 하나님의 존재와 능력을 분명히 알 수 있습니다.

가장 이상적인 영성생활은 자연 속에서 성경을 읽으며 말씀과 자연을 함께 묵상하는 것입니다. 성경의 수많은 비유와 예화는 자연에 바탕을 둔 것입니다. 그러므로 성경은 자연 속에서 읽고 묵상할 때 그 의미와 감동이 더욱 생생합니다. 하나님은 나무가 울창하고 강이 넷이나 흐르고 각종 동식물이 가득한 에덴동산을 지으시고, 그 동산에서 아담과 하와와 함께 거니는 것을 좋아하셨습니다.

1 하나님의 말씀인 성경

성경은 인류를 구원하는 하나님의 말씀입니까? 성경은 하나님의 메시지이며 생명의 말씀입니까? 현대를 살아가는 우리 크리스천이 다시 한 번 점검해야 하는 중대한 물음입니다. 한편 성경의 권위는 그 내용에 있는 것이 아니라, 그 기원에 있습니다. 그 기원이 하나님에게 있기 때문에 권위가 있는 것입니다.

성경은 하나님 말씀 그 자체로서 시대와 상황을 초월하여 모든 크리스천의 삶의 중심이 되어야 합니다. 우리 크리스천의 삶은 성경에 깊이 뿌리를 내려야 합니다. 그럴 때에 우리의 삶은 흔들리지 않고 풍요로워 질 수 있습니다.

하나님의 말씀인 성경은 그 속에서 영생을 하도록 솟아나는 샘물이요(요 4:14), 영성생활의 무한한 원천입니다. 하나님의 사람은 성경을 온 마음으로 읽고, 매일같이 맛보아야 하며(벧전 2:2). 그 말씀에 따라 열정을 다하여 살아가는 자입니다. 크리스천에게 있어서 삶과 성경말씀이 결코 서로 분리되어서는 안됩니다.

우리는 성경 속에서 우리를 초월해 있으면서도 우리와 깊은 관련을 맺고 있는 하나님을 신비스럽게 만날 수 있습니다. 하나님은 인간의 언어를 초월해 계시면서도 성경이라는 말씀 안에 임재해 계시는 분이십니다. 성경 안에서 살아계신 참된 하나님을 만나십시오.

성경은 우리가 읽고 묵상하는 책일 **뿐**만 아니라 체험하고 실전해야 하는 책입니다. 정보를 위한 책이 아니라 변화를 위한 책입니다. 우리는 성경중심의 영성생활을 활짝 꽃피워 날마다 새로워져야 합니다. 성경말씀과 일상의 삶이 분리된 채 살아가는 오늘날의 크리스천에게 성경중심의 영성생활은 매우 중요합니다.

성경읽기와 암송

영성생활에 있어서 성경읽기가 왜 중요합니까? 영성생활이 '깨어있는 생활'이라면 늘 깨어있을 수 있는 주된 길은 지속적으로 성경을 읽고 묵상하는 것입니다(사 50:4). 그러므로 성경읽기는 기독교 영성생활의 핵심이라고 할 수 있습니다. 우리는 성경말씀에 집중하면 집중할수록 세상사의 걱정거리로부터 조금씩 멀어지게 됩니다. 하나님의 말씀에 붙잡힌 시간이 가장 행복한 때입니다. 예수님을 닮아가는 삶이 가장 복된 삶입니다.

말씀 안에서 하나님을 인격적으로 만나십시오. 지식과 정보를 얻기 위해 성경을 읽는 것이 아니라 하나님과의 깊은 대면을 위해 성경을 읽어야 합니다. 성경말씀 안에서 살아갈 때 세상이라는 거대한 바다에서 표류하지 않고 인생을 올바르게, 더 나아가 풍요롭게 살 수 있는 것입니다.

성경암송은 침묵과 묵상을 한꺼번에 실천할 수 있는 영성생활입니다(달라스 윌라드). 성경암송은 하나님의 말씀을 내 입과 마음에 담고 하나님과 독대하며 하나님의 말씀을 되새기며 즐거워하는 시간입니다. 우리의 생각을 온갖 잡동사니에서 벗어나 꼭 필요한 것으로 채워 주는 시간입니다. 우리는 자신을 성경말씀으로 살찌워야 합니다.

Q 당신은 날마다 성경말씀을 암송하며 묵상하는 가운데 하나님과 친밀한 교제를 누리고 있습니까?

2 하나님이 지으신 창조세계

"창세로부터 그의 보이지 아니하는 것들 곧 그의 영원하신 능력과 신성이 그가 만드신 만물에 분명히 보여 알려졌나니 그러므로 그들이 핑계하지 못할지니라"(롬 1:20). 하나님께서 지으신 모든 창조세계는 하나님의 존재와 능력과 영광을 나타내고 있는 하나님의 그림자입니다. "하늘이 하나님의 영광을 선포하고 궁창이 그의 손으로 하신 일을 나타내는도다"(시 19:1).

개혁교회의 〈벨기에 고백서〉는 "하나님은 우주의 창조와 보전과 통치를 통해 우리에게 알려 주신다. 우주는 가장 기품 있는 책으로 우리 눈앞에 있다. 크고 작은 피조물들이 그 책의 수많은 등장인물이 되어 우리에게 하나님의 보이지 않는 것들을 밝히 보여 준다"(제2조)고 기록하고 있습니다. 존 밀턴은 그의 명시 〈실낙원〉에서 "창조세계를 묵상하며 우리는 한 걸음씩 하나님께 올라간다"고 하였습니다.

존 캘빈은 자연 속에서 보여지는 하나님의 존재와 영광을 다음과 같이 표현하였습니다. "하나님께서는 모든 창조물 위에 영광의 명백한 표적을 새겨 놓으셨으며 그것은 너무나도 뚜렷하고 확실하기 때문에 아무리 무식하고 둔한 사람이라 해도 무지를 구실로 삼을 수 없습니다."

창조세계의 신비와 아름다움을 발견하고 서로 나누어라!

우리가 살고 있는 세상에는 하나님의 무한하신 능력과 신비가 가득합니다. 창조주 하나님을 믿고, 그분이 이 세상 모든 만물을 만드셨다는 사실을 알고 그 만물을 바라본다면, 이 땅의 모든 세계가 전보다 열 배는 더 아름다워 보일 것입니다. 그럴 때에 우리는 하늘의 해와 달과 별, 땅의 나무와 꽃과 향기 등, 자연의 진가를 바로 알 수 있습니다. 창조주 하나님이 만물의 중심되심을 분명히 알 때, 모든 것이 제자리를 찾게 되는 법입니다.

예수님은 종종 창조세계를 비유로 들어 메시지 전하기를 좋아하셨습니다. 아시시의 프랜시스는 눈병으로 거의 실명했을 무렵 <태양의 찬가>라는 영감있는 시를 지었습니다. 오늘날 그 시는 창조세계의 아름다움과 영광을 노래한 기독교 최고의 고전으로 평가받고 있습니다.

아시시의 프랜시스의 제자인 보나벤처는 창조세계 가운데 하나님의 임재를 경험하기 위한 훈련지침서를 제시했습니다.

1) 하늘, 해, 달, 별, 산, 바다, 더 나아가 우주 등, 창조세계의 광대함을 생각하면서 하나님의 무한하신 능력과 신비를 묵상합니다.
2) 산과 바다와 들의 무수한 동식물을 생각하면서 창조세계의 다양함과 풍요로움을 묵상합니다. 이러한 묵상 가운데 하나님은 이 땅의 성도들이 동시에 드리는 다양하고도 무수한 기도를 들을 수 있는 엄청난 분이라는 것을 이해할 수 있습니다.
3) 각종 나무와 꽃 등, 자연의 아름다움을 생각하면서 하나님이 지으신 모든 만물의 아름다움과 경이로움을 묵상합니다. 우리가

섬기는 하나님은 그 아름다움과 경이로움이 다함이 없는 놀라운 분이십니다.

하나님의 창조세계는 우리를 경배와 찬양과 기도로 부르는 성소요 성지입니다. 창조세계는 우리의 영혼을 깨워 하나님께 나아가게 합니다. 그래서 우리는 바쁜 일상 속에서 잠시 발걸음을 멈추고 주위를 둘러보며 하나님이 지으신 창조물을 음미할 필요가 있습니다. 영성생활은 우리로 하여금 늘 깨어있어 창조세계 가운데 임재하신 하나님을 만나서 교제하는 가운데 하나님께 예배드리게 합니다.

Ⓠ 자연 속에 나아가 하나님의 말씀을 묵상하며 창조주 하나님을 예배하는 시간을 가져봅시다.

3 경축의 영성: 서로의 존재를 기뻐하고 축하하라!

창조의 영성은 서로의 존재를 기뻐하고 축하하는 경축의 영성입니다(계 4:11). 우리 삶의 순간 순간은 특별한 시간들이며 더 나아가 축하의 행사들이 되어야 합니다. "함께 축하합시다!" "특별한 식사를 같이 합시다!"가 일상의 대화가 되어야 합니다. 우리는 주변의 모든 사람을 존중하고 축하하기 위해 애쓰고 기꺼이 시간을 할애할 수 있어야 합니다. 이것이 경축의 영성이요, 서로의 존재를 기뻐하고 축하하는 영성입니다.

식사를 함께하고 축하하는 일은 서로를 한 가족으로 인정하고 환영한다는 의미입니다. 따라서 축하와 식사는 늘 우리의 삶의 주된 일이 되어야 합니다. 우리 시대는 서로의 존재를 기뻐하고 축하하는 영성을 회복하여야 합니다. 모든 사람의 존재와 삶은 다 중요하고 특별합니다. 그러므로 서로 기뻐하고 축하하여야 합니다.

"생일은 축하하는 날이 되어야 합니다. 시험에 합격한 것이나 승진한 것이나 승리를 거둔 것을 축하하는 것보다 생일을 축하하는 것이 훨씬 더 중요하다고 나는 생각합니다. 왜냐하면 생일을 축하하는 것은 '당신이 있어서 감사합니다'라고 말해주는 것을 뜻하기 때문입니다. 생일을 축하하는 것은 생명을 고귀한 것으로 높이며 기뻐하는 것입니다. 우리는 생일을 맞이한 사람에게 '당신이 한 일과 업적에 감사합니다'라고 말하지 않습니다. 대신 우리는 '이 세상에 태어나 우리와 함께 있게 된 것을 감사합니다'라고 말합니다"(헨리 나우웬).

창조의식과 비교의식

우리는 얼마나 독특하고 유일하고 고유한 존재입니까? 우리는 얼마나 사랑받고 있는 존재입니까? 창조주 하나님은 나 자신이 얼마만큼 귀하게 이 세상에서 살아가도록 허락하셨습니까? 오늘 하루를 그분 안에서 얼마나 귀하게 살아야만 합니까? 우리는 이와 같은 질문들을 늘 하는 중에 기뻐하고 감사하며, 모든 영광을 하나님께 돌려야 합니다.

그리고 우리는 서로를 비교하지 맙시다. 인간을 제외한 다른 생명체는 서로 비교하지 않습니다. 비교는 인간만이 하는 것 같습니다. 새와 나무와 꽃 등은 자기 자신을 남과 비교하지 않습니다. 저마다 자기의 특성을 마음껏 드러내면서 존재의 즐거움을 만끽하고 있습니다. 하나님은 인간을 개별적으로 부르시고 다루십니다. "내가 너를 지명하여 불렀나니 너는 내 것이라"(사 43:1).

남과 비교하지 않고 자기 자신의 존재에 충실할 때 우리는 비로소 진정한 자유와 기쁨과 행복을 만끽할 수 있습니다. 우리 크리스천은 서로를 비교하는 것이 아니라, 서로를 위해 기도하며 기뻐해야 합니다.

Q 우리는 서로의 존재를 기뻐하며 우리 한 사람 한 사람이 얼마나 존귀한 존재인지를 서로 나누어 봅시다.

그러면 우리는 어떻게 살 것인가?

1) 실천해야 할 삶 (나)

집 근처 야외에 나가 자연 속에서 말씀을 묵상하며 하나님과 깊이 교제하는 시간을 가져봅시다.

2)나누어야 할 사역 (교회 공동체)

하나님이 지으신 자연 속에서 사랑하는 이들과 데이트를 즐깁시다. 데이트 중에 대자연 속에서 느낀 창조세계의 위대함과 신비를 서로 나눕시다.

3) 나누고 섬겨야 할 과제 (예비신자 오이코스)

주위 예비신자들의 존재를 기뻐하고 축하하며, 그 존재의 의미를 나누는 시간을 가져봅시다.

6코스 영성생활의 바탕 : 고요와 침묵 속에 말씀묵상

성경본문
복 있는 사람은...오직 여호와의 율법을 즐거워하여 그의 율법을 주야로 묵상하는 도다 시 1:1-2

말씀을 읽고 묵상하고, 그 묵상한 내용을 기도제목으로 삼아, 기도로 하나님께 나아가는 것은 기독교 영성의 오랜 전통이었습니다. 이는 하나님의 말씀을 받아들이는 자연스러운 과정이었습니다.

오늘날 이 전통이 무너지고 있습니다. 오늘날 크리스천의 영성이 이처럼 빈약한 이유 가운데 하나는 우리가 말씀을 읽고 묵상하는 시간이 거의 없기 때문입니다. 말씀을 읽고 묵상하는 가운데 영성생활이 이루어지는 것입니다.

"그 물을 저에게 주옵소서! 그러면 제가 목마르지 않을 것입니다" (요 4:15).

1 고요와 침묵, 그리고 고독

동서양을 막론하고 고요와 침묵은 전통적으로 모든 영성생활에서 주요한 자리를 차지하여 왔습니다. 세상의 모든 요란한 소리와 욕구에서 멀어져 홀로 거하는 것은 영성생활의 시발점이라고도 볼 수 있습니다. 어떻게 보면 영성은 고요와 침묵 속에서 하나님의 음성과 내면의 소리에 귀 기울이는 영적 성향이라고 볼 수 있습니다. "물러나라. 침묵하라. 고요히 머물러라."

여기서 고요와 침묵은 하나님의 음성과 내면의 소리를 듣기 위해서나 자신의 모든 관심과 활동을 멈추고 하나님께 귀를 기울이는 것을 말합니다.

처음에는 고요와 침묵 속에 거하는 것이 우리의 자연적 욕구와 반대되기 때문에 자꾸 달아나고 싶은 욕구가 발동합니다. 하지만 하나님의 임재를 사모하며 지속적으로 홀로 거하는 훈련을 하면, 어느 순간인가 하나님과 단둘이 거하는 고독의 시간을 놓치고 싶지 않다는 것을 알아차리게 될 것입니다.

일상생활 속에서 고요와 침묵은 영혼을 평화롭게 할뿐만 아니라 긴장을 완화시켜 줍니다. 우리의 심신을 쉬게 할뿐만 아니라 하나님의 음성을 더 깊이 듣게 됩니다. 영성생활을 하는 주된 이유 중의 하나는 "하나님께서는 계속해서 말씀하시는데 우리는 좀처럼 듣지 못해서 우리가 하나님의 음성에 귀를 기울이는 법을 배워야 하기 때문입니다"(나우웬). 우리가 하나님의 음성에 귀를 기울이는 법을 익히면 우리의 삶이 영성의 삶으로 바뀌는 것입니다.

침묵 속에 들려오는 하나님의 음성에 귀 기울여라

과거 부모님들은 "혼자 있지 말고 무엇이든 좀 하지 그래"라고 했습니다. 하지만 오늘날 현대인들에게는 아무것도 안하고 그저 앉아 있는 시간이 필요합니다. 침묵 속에 마음의 평화와 잔잔한 위로가 임합니다. 그리고 침묵을 소중히 여길 줄 아는 사람에게 신뢰가 갑니다. 오늘날 말이 소음으로 전락한 것은 침묵을 배경으로 하지 않기 때문입니다. 생각이 떠오른다고 해서 불쑥 말해 버리면 안에는 아무것도 없습니다.

영성생활은 침묵과 친해지는 영적 여정입니다. 일상 안에서 내적인 침묵은 하나님의 음성을 듣게 합니다(사 55:3). 그리고 영혼의 평안과 쉼을 주고 하나님과의 깊은 교제가 일어나게 합니다. 예수님께서 바쁘신 일정 가운데 종종 외딴 곳을 찾으셔서 홀로 거하며 침묵의 시간을 가진 이유도 거기에 있는 것입니다. "새벽 아직도 밝기 전에 예수께서 일어나 나가 한적한 곳으로 가사 거기서 기도하시더니"(막 1:35).

하나님의 임재체험

하나님을 단순히 아는 것과 하나님의 임재를 체험하는 것은 확연히 다릅니다. 이는 꽃이 얼마나 향기로운지 아는 것과 꽃향기를 직접 맡아보고 체험하는 것이 다른 것과 같습니다. 꽃향기를 제대로 알려면 꽃밭에 들어가 꽃향기 속에 머물며 충분히 그 향기를 만끽해야 합니다. 그때에야 우리는 꽃향기를 제대로 안다고 할 수 있습니다. 하나님의 임재체험이 그러합니다. 하나님의 임재체험은 영성생활에 있어서 기초입니다. 영성의 원천인 하나님과 직접 연결된 영성의 탯줄입니다.

"하나님을 자주 생각하십시오. 낮에도, 밤에도, 일할 때도, 심지어 놀이 중에도 하나님은 언제나 가까이 계시며 당신과 함께 계십니다. 그분을 홀로 남겨두지 마십시오"(로렌스 형제).

우리 크리스챤은 하나님의 임재 안에 살아가는 자입니다. 사실상 우리는 하나님의 임재를 벗어나 하나님으로부터 피할 수는 없습니다. 그럼에도 불구하고 우리는 삶의 긴장과 압박 속에서, 당장 해야 할 긴급한 일에 몰두한 나머지 하나님의 임재와 섭리를 느끼지 못한 채 살고 있습니다. 이는 부부가 결혼해서 24시간 늘 붙어 다니면서도 자기 생각과 일에 너무 몰두한 나머지 상대방의 존재를 잊고 사는 것과 같은 이치입니다. 하나님의 임재체험 훈련은 우리 영혼이 하나님께 대해 늘 깨어있기 위한 영성생활훈련입니다.

하나님의 임재체험은 하나님에 대한 지식 이상의 의미를 가집니다. 우리는 살아계신 하나님을 온몸으로 느끼며 인격적으로 사귀며 체험할 수 있어야 합니다. "하나님의 임재를 실제로 체험하는 일 없이 신자가 만족한 생활을 한다는 것은 상상도 할 수 없습니다"(로렌스 형제).

하나님의 임재체험은 "하나님을 내 맥박과 호흡 속으로, 생각과 감정 속으로, 청각과 시각과 촉각과 미각 속으로 내 몸의 모든 세포막 속으로 받아들이는 것입니다"(나우웬). 이렇게 하나님의 임재를 체험할 때 비로소 내 마음이 평화로워지며 주변 세상이 더욱 아름답게 보입니다.

하나님의 임재를 체험하며 사는 크리스천은 하루를 시작할 때 하나님을 떠 올리고, 또 그분께 하루의 삶을 어떻게 인도하실지 기대하며 하루의 첫 호흡을 시작합니다. 오늘 하루를 하나님께 온전히 맡겨 놓고, 큰 기대감으로 하루를 시작하는 것입니다.

Q 당신은 언제 무엇을 할 때 하나님의 임재를 가장 깊이 체험합니까?

2 묵상하는 삶

묵상은 삶의 일부가 아니라 삶의 전부입니다. 묵상하는 삶이란 일상의 모든 순간을 찬찬히 음미하는 삶입니다. 자신의 내면의 세계를 보살피는 삶입니다. 하나님께서 하시는 일에 주목하고 반응하는 삶입니다. 하나님의 말씀을 받아들이는 삶입니다. "내가 주의 법을 어찌 그리 사랑하는지요 내가 그것을 종일 작은 소리로 읊조리나이다"(시 119:97).

현대인들은 묵상하는 삶에 굶주려 있습니다. 늘 정신없이 돌아가는 숨 가쁜 삶에 지친 현대인들은 마음의 여유와 휴식을 원합니다. 의미와 가치를 발견하고 정말 소중한 일에 자신의 남은 여생을 보내고자 합니다. 그래서 하나님과 자신과 가족과 이웃을 좀더 자세히 볼 수 있는 기회를 가지려고 합니다.

그러기 위해서는 삶의 속도를 늦추고 발걸음을 멈추어야 합니다. 삶의 속도가 빠를 수록 묵상할 수 있는 시간이 없습니다. 삶의 속도를 늦추고 내 마음에 의미있는 것이 심길 수 있도록 마음의 텃밭을 가꿉시다.

과거 수도자들은 늘 하나님의 말씀 안에 머물러 있기 위해 끊임없이 성경본문을 암송하고 반복적으로 묵상하되 되씹음으로써 묵상하였습니다. 그러한 가운데 세상의 헛된 가치관에 물들지 않고 온갖 유혹에 휩쓸리지 않고 자신을 정결하게 지켜 나아갔습니다.

묵상은 나의 힘

"주의 말씀을 조용히 읊조리려고 내가 새벽녘에 눈을 떴나이다"(시 119:148).

영성생활은 고요와 침묵 가운데 말씀묵상을 통해 얻은 영적 은혜와 힘을 이웃과 나누는 삶입니다. 그러므로 말씀묵상은 가장 우선시 되어야 할 영성생활입니다. 그럼에도 불구하고 현대인의 시간에는 긴급한 스케줄에 밀려 말씀묵상이 점차적으로 사라지고 있습니다.

신앙과 삶, 모든 것이 다 묵상입니다. 모든 것을 하나님의 말씀위에 올려놓고 묵상하는 것입니다. 하나님의 뜻과 의미가 보일 때까지 묵상하는 것입니다. 마리아가 처녀의 몸으로 예수 그리스도를 낳아 기를 수 있었던 그 놀라운 영성도 묵상에 기인한 것이었습니다(눅 2:19,51).

묵상의 방을 마련합시다

우리는 안방, 공부방, 거실, 식당 등, 여러 용도의 방을 갖고 있지만 <묵상의 방>은 갖고 있지 않습니다. 당신의 가정에 묵상의 방을 마련하여 시간이 허락하는 대로 수시로 혼자가 되어 묵상의 시간을 가져 보십시오. 그 방은 평화의 피난처로 사용될 수도 있습니다. 부부싸움이 일어날 때 누군가 한 사람이 그 방으로 들어가면 아무도 침해할 수가 없고, 아이가 야단을 맞으려 할 때 그 방으로 피하면 아무도 야단칠 수가 없습니다. 어느 누구도 그 영역 안에서는 안전합니다. 따라서 그 방은 평화의 방이기도 합니다.

묵상이 영성형성으로!

영성에도 통로가 있습니다. 영성이 흐르기 위해서는 통로가 필요한 것입니다. 영성의 가장 기본적인 통로는 묵상입니다. 묵상은 어떤 주제에 대해 조용한 성찰과 사고의 행위를 의미합니다.

‘묵상’이란 ‘되새기다’란 의미가 담겨져 있습니다. 이는 소가 먹이를 섭취해 위장에 저장했다가 온몸에 스며들어 피와 살이 될 때까지 반복적으로 되새김질하고 소화작용을 하는 것과 같습니다.

Q 현재 나의 말씀묵상(QT)의 방법을 점검하고, 앞으로 어떻게 말씀묵상을 할 것인지, 그 방법을 서로 나누어 봅시다.

3 침묵과 묵상 중에 치유

바쁘고 분주하게 사는 현대인은 하나님과 독대하는 ‘고요한 시간’, 하나님의 음성을 듣는 ‘침묵의 시간’, 하나님이 주신 말씀을 마음에 담고 되새기는 ‘묵상의 시간’, 하나님의 임재 속에서 자신을 성찰하는 ‘치유의 시간’이 어느 때보다 중요합니다.

하나님과 단둘이 산책하는 침묵과 묵상의 시간을 마련합시다. 우리가 단 한 두 시간만이라도 침묵을 시도해 보면 우리의 삶이 얼마나 산만한지 알게 됩니다. 우리는 불필요한 생각과 잡담 때문에 하나님께 집중하지 못하고 경건의 삶으로 나아가지 못할 때가 많습니다. 침묵의 시간이 세상의 온갖 소음에 찌든 당신의 마음을 정화시켜 치유할 것입니다. “날은 날에게 말하고 밤은 밤에게 지식을 전하니 언어도 없고 말씀도 없으며 들리는 소리도 없으나”(시 19:2-3).

묵상의 시간과 장소

묵상을 위한 최상의 길은 복잡한 일상을 떠나 한적한 곳에 가서 모든 관계를 끊고 홀로 거하며 묵상에만 집중하는 것입니다. 하지만 모든 것을 놓고 떠나기가 현실적으로 쉽지 않습니다. 그렇다면 바쁜 일상 속에도 묵상할 수 있는 시간과 공간과 방법을 찾아내야 합니다.

자기만의 시간과 장소를 찾는 것도 중요하지만, 정작 중요한 것은 어떻게 마음을 고요하게 하느냐가 중요합니다. 분주한 일상 속에서 - 직장, 출퇴근길, 버스, 지하철 등, 어디에서나 - 마음의 고요를 찾을 수만 있다면 묵상은 언제나 가능합니다. 숨 가쁜 도시의 한복판에서도 마음을 고요하게 하는 것은 필요합니다. 마음의 고요함이 묵상으로 인도하고, 이 묵상이 우리의 삶을 치유하고 풍성하게 합니다.

마음의 골방이 필요합니다. 온갖 잡다한 일로 산만해진 삶을 다시 정리하기 위해서는 마음의 골방이 있어야 합니다.

묵상 치유법

다음은 '3단계 묵상치유법'입니다. 치유가 필요할 때 성경을 펴고 성경 속에서 현재 나의 입장과 꼭 같은 인물을 찾으십시오. 그리고 그 인물을 묵상하며 동질감을 느끼십시오. "나와 꼭 같네!"

3단계 묵상치유법에 따라 스스로를 치유하십시오. 그러면 마음의 병이 사라지고 즐거운 마음이 회복될 것입니다. 긴장을 풀고 자신의 근본이 밑바닥까지 보일 때까지 묵상하고 묵상하십시오.

1) **먼저 조용한 시간과 장소를 정합니다.**

   집, 일터, 휴게실, 공원 등, 어디에서나 아무 방해 없이 한 시간 정도 보낼 수 있는 조용한 공간을 찾습니다. 옆에 성경과 필기구를 준비해 놓습니다. 마음을 비우고 편안한 마음가짐으로 하나님께 도움을 요청하는 기도를 합니다.

2) **성경에서 내가 가진 문제와 연관된 인물을 찾아 묵상합니다.**

   치유의 지혜를 얻는 비결은 성경 속에서 나와 같은 인물을 찾는 것입니다. 성경을 펴서 그 인물이 나오는 성경본문을 찾아 정독하며 그 삶을 묵상합니다. "나와 꼭 같네!"하고 마음 깊숙이 동질감을 느낄 때까지 깊이 묵상합니다.

3) **그 인물의 이름 부르며 그 인물과 대화를 시작합니다.**

   성령께서 그 인물을 통해 주시는 이야기들을 적습니다. 적은 내용을 잘 정리하여 그 내용을 묵상하며 기도합니다. 그 내용들을 실제 생활에 적용합니다.

성경은 2천년을 두고 내려오면서 인류를 치유해왔습니다. 성경 본문을 읽고 묵상하는 가운데 늘 자신을 치유하십시오.

 3단계 묵상 치유법을 통해 나 자신의 문제와 상처 등을 치유하는 시간을 가져봅시다.

6코스

그러면 우리는 어떻게 살 것인가?

1) 실천해야 할 삶 (나)

자신의 하루 일상 가운데 혼자 머물기에 가장 좋은 시간과 장소는 언제 어디입니까? 그 시간과 장소를 발견하여 묵상의 시간을 가져봅시다. 묵상하는 영성생활이 우리의 삶 속에 습관이 되도록 합시다. 특별히 시간을 내어 <3단계 묵상 치유법>을 통해 자신을 치유하는 시간을 가져봅시다.

2) 나누어야 할 사역 (교회 공동체)

교인들과 묵상한 말씀을 서로 나누는 습관을 가집시다.

3) 나누고 섬겨야 할 과제 (예비신자 오이코스)

주위 예비신자들과 하나님의 말씀이 나를 어떻게 치유했는지를 간증하고, 대화를 나눕시다.

7코스 영성생활의 기본기 : 기도의 생활화

성경본문
하나님의 말씀과 기도로 거룩하여짐이라 딤전 4:5

삼위일체 하나님이 모든 영성의 원천이요, 그 영성을 공급하는 주체이십니다. 삼위일체 하나님이 영성의 모체(母體)라면, 말씀과 기도는 영성의 탯줄입니다. 그러므로 하나님의 말씀과 기도는 영성의 통로요, 영성생활의 기본기입니다.

기독교 전통에서 성경말씀 읽기와 묵상과 기도는 서로 유기적으로 연결되어 있습니다. 영성생활은 말씀과 기도, 그리고 삶의 결합체입니다. 영성의 기본기인 말씀묵상과 기도는 삶 속에서 그 열매가 맺혀져야 합니다. 삶 속에서 열매를 맺지 못하는 영성은 죽은 영성입니다 (약 2:17 참조).

영성의 기본기인 기도와 말씀에 충실하십시오. 하지만 오늘날 기본기가 무너졌습니다. 항상 기본기를 지키기가 힘듭니다. 기본기를 확고하게 갖추어져 있으면 영성생활은 자연스럽게 형성됩니다. 기독교 영성생활은 하나님의 말씀을 붙잡고 기도하는 가운데 하나님께 받은 은혜를 실천하는 삶입니다.

기도로 사는 일상

우리는 어떻게 기도를 생활화할 수 있을까요? 기도의 생활화를 위해서는 먼저 기도를 좀 더 폭넓게 바라보아야 합니다. 그리고 일상의 삶의 모든 순간을 기도의 기회로 포착할 수 있어야 합니다. 한마디로 일상의 삶과 기도를 통합시켜야 합니다. 우리가 하나님과의 친밀한 관계 속에서 늘 하나님을 갈망하고 찬양하면 우리는 기도하기를 멈출 수 없을 뿐만 아니라, 기도가 날마다 더욱 심오해 질 것입니다.

1 기도는 호흡과 대화입니다

기도는 호흡입니다

기도는 우리 영혼의 호흡이요 산소입니다. 그러므로 기도는 호흡처럼 쉬지 않고 지속적으로 되어져야 합니다. "쉬지 말고 기도하라"(살전 5:17). 호흡은 무의식적으로 일어납니다. 마찬가지로 기도도 호흡처럼 무의식적으로 일어나기까지 습관화되고 생활화되어야 합니다.

흔히 기도를 영성과 동일선상에서 보는 경향이 있습니다. 그 이유는 기독교 영성은 기도하는 가운데 하나님과의 친밀한 관계형성과 교제로 보기 때문입니다. 기도는 하나님과 대화하고 교제하는 영성생활입니다. 영성생활은 곧 기도생활입니다. 따라서 기도의 생활화는 곧 영성의 생활화입니다.

하나님과의 친밀한 관계가 우리의 영성생활의 목표임을 분명히 합시다. 기도를 통해 하나님과 친밀하게 사귀십시오. 그리하면 영성의 삶은 자연스럽게 이루집니다. 그러므로 기도는 관계 지향적이어야 합니다. 우리는 기도하는 가운데 하나님과 교제하며 대화하며 깊은 친밀감을 느끼며, 그 분의 임재 안에 쉼을 누립니다. 기도는 영혼의 호흡이요, 영성의 온도계입니다.

하나님을 향한 열망이 있을 때에만 깊은 기도를 할 수 있습니다. 하나님과 뜨거운 사랑에 빠져 있을 때 우리는 기도에 우선순위를 둘 수 있습니다. 이는 마치 연인이 서로에게 뜨거운 사랑으로 불탈 때 긴 대화를 나눌 수 있는 것과 같습니다.

기도는 고요와 침묵, 금식, 말씀묵상 등, 다른 영성생활과 병행되는 가운데 우리의 삶 속에 깊이 뿌리를 내려야 합니다. 기도와 삶이 통합되어 기도가 생활화 되어야 합니다. 그렇지 못할 경우 기도가 우리의 짐이 될 수도 있습니다.

기도는 대화입니다

대다수의 크리스천들은 기도를 하나님과의 대화라고 생각합니다. 이는 기도에 대한 올바른 성경적인 이해이며, 동시에 기도를 실천하는데 있어서 가장 부담이 적은 자연스러운 방법이라고 생각합니다. 말이나 침묵은 물론, 심지어는 노래를 통해서도 하나님과 대화하는 일은 가능합니다.

기도를 생활화하자는 것은 하나님과 항상 동행하며 대화하자는 것입니다. 기도는 내가 함께 있고 싶었던 그리운 친구를 만나 저녁식사를 하며 정겨운 대화를 나누듯이 해야 합니다. 주님과 깊은 사랑에 빠져서 매순간 주님을 생각하며 대화하는 것, 이것이 진정한 기도의 생활화입니다.

하나님께 중독되면 기도는 저절로 나옵니다

한편 기도가 부담이 되어서는 안됩니다. 하늘을 나는 새가 날개가 부담이 되지 않듯이 크리스천에게 있어 기도는 전혀 부담이 되지 않아야 합니다. 부부간의 대화가 부담이 되지 않듯이 기도가 부담이 되어서는 안됩니다. 기도를 생활화하자는 것은 대화를 생활화하자는 것과 동일합니다.

쉬지 말고 기도하라(살전 5:17). 쉬지 않고 끊임없이 기도할 때 우리의 전 생애가 하나님의 임재로 가득찰 것입니다. 특히 말세에는 "정신을 차리고 근신하여 기도하라"(벧전 4:7)고 했습니다.

우리는 숨 쉬는 것보다 더 자주 하나님을 생각해야 합니다. 하나님께 중독이 되어야 합니다. 그러면 기도가 쉽습니다. 그럴 때에 기도가 호흡과 대화가 되고 생활화가 되는 것입니다.

Q 어떻게 하면 기도가 우리의 호흡과 대화가 될 수 있을까요?

2 다양한 기도 이해하기

청원기도(간구기도)

"너는 내게 부르짖으라 내가 네게 응답하겠고 네가 알지 못하는 크고 은밀한 일을 네게 보이리라"(렘 33:3).

마음에 있는 열망과 간구를 기도로 올려 드립시다. 주님은 여러 번에 걸쳐 우리가 필요한 모든 것을 끈질기게 구하라고 말씀하셨습니다(마 7:9-11; 눅 11:5-10; 18:1-8). '꾸준함'은 기도에 있어 가장 중요한 요소 중에 하나입니다.

청원기도를 통하여 지구촌 맞은편 오지에서 복음을 전하는 선교사들과 동행하십시오. 간구기도를 통해 굶주리고 있는 지구 구석구석의 수많은 어린이들에게 양식을 공급하십시오. 기도를 통해 어느 구석진 차가운 모퉁이에서 홀로 떨고 있는 가냘픈 영혼과 함께합시다. 기도를 통해 우리 주변에 아직도 마음을 열지 못해 주님을 만나지 못한 채, 향방 없이 동분서주하며 무의미한 인생 중에 지쳐가는 동시대인들을 섬기십시오.

대화기도(교제기도)

당신의 기도는 하나님께 일방적으로 말하는 독백으로 끝나지 않습니까? 당신의 기도생활을 재고하십시오. 기도는 우리의 눈을 열어 하나님을 바라보게 하며 하나님께 귀 기울여 하나님의 음성을 들으며 하나님과 거룩한 대화에 들어가게 합니다. 하나님과 대화하는 가운데 하나님과 더 친밀해지고, 더 깊이 교제하려는 갈망이 일어납니다. "진정하고 온전한 기도는 사랑 이외에 아무것도 아닙니다"(어거스틴).

기도는 다정한 친구처럼 그렇게 하나님과 마주하는 것입니다. 그리고 대화하는 것입니다. 대화는 말하는 것 뿐만 아니라, 듣는 것입니다. 따라서 우리는 하나님의 음성을 '듣는 훈련'이 필요합니다. 하나님과 끊임없이 대화하며 사는 삶 보다 더 달콤하고 기쁜 삶의 양식은 이 세상에 존재하지 않습니다.

침묵기도(묵상기도)

기도는 대화, 그 이상의 것입니다. 기도를 생각할 때 우리는 기도 가운데 우리가 하는 말, 즉 기도의 내용을 먼저 떠 올립니다. 사실 그것이 기도의 핵심이 아닙니다. 기도는 하나님의 임재 안에서 하나님과 함께 하는 시간이요, 친밀한 교제입니다. "너희가 내 안에 거하고 내 말이 너희 안에 거하면 무엇이든지 원하는 대로 구하라 그리하면 이루리라"(요 15:7).

침묵기도 중에 하나님의 세미한 음성조차도 놓치지 말고, 보다 친밀한 사귐의 자리에게까지 나아갑시다. "하나님의 음성을 하나도 놓치지 않는 것, 그것이 바로 참된 기도입니다. 모든 기도의 핵은 귀를 기울이는 것이고, 하나님의 임재 앞에 순종하는 마음으로 서 있는 것입니다"(나우웬).

침묵기도는 하나님께서 우리를 갈수록 더 많이 소유하도록 우리 마음을 넓히는 것입니다. 침묵 속에서 기도하는 가운데 자신의 삶을 묵상하며 하나님의 뜻을 분별하도록 합시다.

예수기도(the Jesus Prayer)

예수기도는 5세기경 동방정교회에서 시작하여 꾸준히 발전하여 오늘날 마음기도, 집중기도(centering prayer, 향심기도) 등의 이름으로 널리 행해지고 있습니다.

예수기도는 예수 그리스도에 관련된 짧은 문장을 반복하는 기도로서 예수 그리스도 중심의 영성형성을 이루게 합니다. 표준적인 형태는 "하나님의 아들, 주 예수 그리스도시여! 저를 불쌍히 여기소서! Lord Jesus Christ, Son of God, have mercy on me"(눅 18:13,39)입니다.

예수기도는 산만한 마음을 잠잠하게 하고 하나님의 임재 안에 머물며 하나님께 집중하기 위한 기도입니다. "나의 영혼이 잠잠히 하나님만 바람이여"(시 62:1). 예수기도의 열매는 하나님의 사랑 한가운데 머무름으로서, 그 머무름의 열매가 삶 속에서 나타나는 것입니다. 하나님 안에 머무름, 그 자체가 놀라운 변화를 가져오는 것입니다. 생명의 숨을 들이쉬고 내쉬는 가운데 하나님의 임재 안에서 예수기도를 드리십시오.

예수기도는 단순하기 때문에 지속적으로 반복하고 또 반복할 수 있습니다. 줄기차게 반복함으로서 기도가 말에서 생각을 거쳐 마음으로 내면화되고 마침내 예수 그리스도와 동행하는 가운데 하나님의 사랑의 중심에서 쉼을 누리게 됩니다.

기타 다양한 기도

방언기도, 중보기도, 통성기도, 합심기도, 금식기도, 새벽기도, 심야기도, 호흡기도, 예전기도, 치유기도, 헌신기도, 대화식 기도, 공동체기도, 성찰기도, 짝 기도, 릴레이 기도, 기상기도, 취침기도, 선포기도, 보행기도, 미로기도, 절기기도, 식사기도, 시편기도, 정해진 시간에 드리는 기도, 성경을 따라서 하는 기도, 능동적 기도(자신의 의지로 하는 기도), 수동적 기도(성령이 이끄시는 기도) 등이 있다.

Q 당신이 평소에 자주하는 기도는 어떤 기도입니까?

3 다양한 기도를 통해 기도를 생활화하라!

숨이 저절로 쉬어지듯이 쉼 없이 기도할 수는 없을까요? 가장 이상적인 기도는 저절로 나오는 기도입니다. 코를 막고 있어 보십시오. 숨이 막혀서 3분도 못 견디고 다시 숨을 쉬게 될 것입니다. 기도도 마찬가지입니다. 기도하지 않으면 영적으로 숨이 막히고 답답해서 저절로 기도가 나오도록 기도가 습관화 되어야 합니다. "쉬지 말고 기도하라"(살전 5:17).

기도가 생활화되어 저절로 나오는 기도를 하십시오. 우리가 숨을 쉴 때 "이제부터 숨을 쉬야지"하고 숨쉬는 사람은 아무도 없습니다. 무의식적으로 저절로 쉬어집니다. 기도 역시 우리가 호흡을 하듯이 마음과 몸에서 저절로 배어 나와야 하는 것입니다.

영성생활은 기도를 축으로 이루어집니다. 영성의 열매는 나의 삶 자체가 저절로 기도가 될 수 있도록 변화시켜 주는 것입니다. 영성생활은 기도생활이라고 해도 과언이 아닙니다. 쉬지 말고 기도하십시오. 항상 끊임없이 꾸준히 기도하십시오. 기도를 생활화하십시오.

기도를 생활화하면 어떤 일이 일어납니까? 먼저 그의 나라와 그의 의를 구하는(마 6:33) 기도에 우선순위를 두게 됩니다. 기도는 하나님의 임재 안에서 살아가는 삶의 방식입니다. 하나님의 임재의 중심에서 안식하며 마음의 평화를 얻게 됩니다.

하지만 기도하지 않으면 염려를 하게 됩니다. 기도의 생활화가 안되면 염려의 생활화가 됩니다. 기도하겠습니까? 염려하겠습니까? 성경은 분명히 말합니다. "아무 것도 염려하지 말고 모든 일에 기도하라"(빌 4:5-6 참조).

기독교 영성사에는 다양한 형태의 기도가 전해져 내려옵니다. 그 가운데 대표적인 기도가 청원기도, 대화기도, 침묵기도, 예수기도 등입니다. 다양한 기도를 잘 활용해서 순환(循環)기도를 하십시오. 마음을 집중하여 기도하는 것은 모든 염려와 불안에서 벗어나 마음을 평화롭게 해주며 삶의 기쁨과 소망을 줍니다.

화살기도(한줄기도, 숨기도)를 통해 기도를 생활화합시다

화살기도는 한마디로 하는 짧고도 간단한 기도를 말합니다. 한 문장으로 하는 기도이므로 '한줄기도'(단음절 기도) 또는 한 숨에 하는 기도이므로 '숨기도'(breath prayer)라고도 합니다. 성경은 '쉬지 말고 기도하라'고 합니다. 이것을 어떻게 실천할 수 있을까요? 이것을 가능하게 하는 것이 화살기도입니다. 전통적으로 많은 크리스천들이 화살기도를 통해 기도를 생활화 했습니다.

히포의 어거스틴은 자신의 편지에서 '화살기도'에 대해 언급했습니다. "사람들의 말에 따르면, 이집트 수도사들은 기도를 자주 바치는데 그 기도는 매우 짧고 화살처럼 빠르게 내뱉습니다"(프로바에게 보낸 편지). 이 화살기도에서 예수기도가 생겨나게 되었습니다.

우리는 우리의 갈망과 열정을 간단한 화살기도로 드릴 수가 있습니다. 기상할 때의 기도, 화장실에서의 기도, 샤워할 때의 기도, 옷 입을 때의 기도, 요리할 때의 기도, 식사할 때의 기도, 운전할 때의 기도, 일할 때의 기도, 쇼핑할 때의 기도 등, 일상생활 중에 간략한 화살기도를 하거나, 관련된 성경구절을 묵상하십시오. 그러므로 거기 계시는 하나님을 만나서 하나님의 임재 가운데 하나님과 깊은 교제를 나누십시오.

다음과 같은 간단한 성경구절이나 소원 하나로 화살기도를 드릴 수 있습니다.

"내 영혼이 주님을 찬양합니다"(눅 1:46).
"내 영혼은 잠잠히 하나님만 바랍니다"(시 62:1).
"주 예수여 저를 불쌍히 여기소서!" (눅 18:13).
성령님 오시옵소서!
주님 저를 인도하옵소서!
제 영혼을 받아 주시옵소서!

Q 어떻게 하면 기도를 생활화할 수 있을까요?

그러면 우리는 어떻게 살 것인가?

1) 실천해야 할 삶 (나)

기도가 숨을 쉬듯이 저절로 나오도록 기도를 생활화합시다. 기도의 생활화를 위해 다양한 기도생활을 합시다.

2) 나누어야 할 사역 (교회 공동체)

주위 교인들과 자신의 기도생활의 약점과 장점, 그리고 개선해야 할 점에 대해 나누십시오. <기도의 생활화를 위한 소그룹>을 만들어 기도를 생활화합시다.

3) 나누고 섬겨야 할 과제 (예비신자 오이코스)

예비신자들의 기도제목 목록을 작성해서 매일 그들을 위해 기도합시다. 그리고 그들도 함께 기도에 동참할 것을 적극 권합시다.

3단계 기독교 영성의 역사

 기독교 영성은 어떤 과정을 통해 오늘날 우리에게까지 이르게 되었습니까? 여기서는 하나님의 숨결이 담긴 기독교 영성의 역사적 개관을 살펴보고자 합니다.
 기독교 영성은 별안간 생겨난 것이 아닙니다. 오랜 세월에 걸쳐 발전되어 오늘날 전통으로 자리 잡게 되었습니다. 기독교 전통적 영성을 통해 풍요로운 영적 삶을 누리는 은혜가 임하기를 바랍니다.

영성의 강이 흐른다.
세계사를 놓고 볼 때,
영성의 강은 조용히 흐르는 커다란 강이었다.
그 강은 오랜 세월 동안 숲과 들판을 가로질러 유유히 흘러왔다.
자세히 살펴보면 단순히 흘러온 것이 아니라 변화하며 발전하여 왔다.
흐름은 변화를 가져오고, 변화는 성장을 가져오기 때문이다.
영성의 강은 점점 아름다워졌고,
주변의 숲과 들판에 생명을 불어넣어 푸르게 했다.
그리고 이제는 전통이 되고 보석이 되어 찬란히 빛나는 것이다.
지금도 다양한 색상을 지닌 영성의 강은 이 땅을 우아하게 감돌며,
땅을 비옥하게 하는 생명의 탯줄이 되고 있다.
이 영성의 강의 한 물줄기가 지금 당신을 향해 흐르고 있다.
놀라운 일이 아닌가?

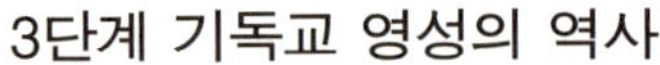

3단계 기독교 영성의 역사

8코스   기독교 영성의 다양한 역사(가지들)
9코스   기독교 영성의 전통들
10코스 영성을 찾는 현대인

8코스 기독교 영성의 다양한 역사 (가지들)

시작과 발전

성경본문
때가 차매 하나님이 그 아들을 보내셨다 갈 4:4

때가 차매

기독교 영성은 언제 어떻게 시작되었습니까? 기독교 영성은 예수 그리스도의 탄생과 더불어 시작되어 그의 가르침으로 본격화되었다고 볼 수 있습니다. 이는 기독교 영성이 사실상 예수 그리스도의 성육신과 공생애에 근원을 두고 있기 때문입니다. 성육신은 사실상 기독교 영성의 시발점이었으며, 공생애 3년 동안은 인류의 운명이 결정되는 역사상 가장 긴장되고 중요한 시기였습니다.

공생애 기간 중에 예수 그리스도는 12제자들과 영성공동체를 형성하여 제자들에게 영성생활을 가르치며, 몸소 그 모범을 보여 주셨습니다. 그러므로 기독교 영성훈련의 뿌리는 예수 그리스도의 12제자 훈련입니다.

1 초대교회의 영성 / 기독교 영성의 여명기

하나님의 교회는 예수 그리스도의 죽음과 부활을 목격하고 오순절 성령강림을 체험한 사도들에 의해 탄생되었습니다. 오순절 성령강림은 교회의 시발점이 되었던 것입니다. 그리고 초대교회의 탄생과 함께 기독교 영성은 본격적으로 시작되었다고 볼 수 있습니다. 초대교회는 일반적으로 예루살렘교회의 탄생으로부터 마지막 교부인 어거스틴의 죽음(430년), 또는 로마의 멸망(476년)까지 약 450년의 기간을 말합니다.

그리스도를 본받아

예수 그리스도를 따르던 제자들과 초대교회 성도들은 예수님의 가르침 그대로 살고자 했습니다. 예수님의 기도와 삶을 그대로 모방하기를 원했습니다. 이것이 신약시대 영성운동의 기원이 된 것입니다. 다시 말하면 예수님이 사셨던 것처럼 살고자 하는 운동이 초대교회의 영성운동이었던 것입니다.

초대교회 영성의 의미와 중요성

오늘날 개신교, 가톨릭, 동방정교회의 신앙의 뿌리를 하나같이 초대교회에 두고 있습니다. 오늘날의 모든 교회들은 초대교회와의 역사적 연속성을 강조하고 있습니다. 그러므로 초대교회는 모든 신앙과 영성의 뿌리인 것입니다.

초대교회에는 죽음으로 예수 그리스도를 증거하고 교회의 기초를 놓은 순교자들의 영성이 살아있었습니다. 초대교인들은 그리스도를 위하여 박해 당하는 것을 최상의 영광으로 알았기 때문에 죽음의 자리에서도 초연할 수가 있었습니다. 순교는 초대교회의 특성이었습니다. 순교자의 피가 교회의 밑거름이 되었습니다. 박해의 시대로서 카타콤(지하묘지)의 영성을 꽃피운 눈물겨운 시대였습니다. 카타콤은 교회가 가장 고통스럽던 시기, 하지만 한편으로 가장 영광스럽던 시기의 일종의 기념물이 되었습니다. 초대교회의 순교의 영성은 비록 약 2000년의 간격을 두고 있지만, 오늘날 우리 교회 속에 여전히 살아서 숨 쉬고 있습니다.

초대교회의 교부들

사도들의 뒤를 이은 교회 지도자들 가운데 교회와 교리의 기초와 발전에 크게 공헌한 인물들을 교부(敎父)라고 부릅니다. 이들은 당시 모진 박해를 견디며 각종 이교 철학으로부터 기독교 신앙을 변호하며 더 나아가 기독교 이단들로부터 기독교 신앙을 바로 지키며 양무리들을 격려하고 결속시키는 어려운 일을 감당해야 했습니다. 당시 교부들은 여러 부류로 나눌 수 있는데, 첫째가 사도의 직접적인 제자인 속사도로서 폴리캅, 클레멘트, 이그나티우스 등입니다. 그 외에 순교자 저스틴, 리용의 이레니우스, 터툴리안, 히포의 어거스틴 등, 수많은 교부들이 있습니다.

초대교회의 신앙고백과 신조

서로 다른 기독교 종파 가운데에서도 일반적으로 수용되는 공통의 핵심 신조가 있습니다. 대표적인 경우가 사도신경과 니케아 신조입니다. 이러한 신앙고백과 신조들이 기독교 신앙과 영성형성에 중요한 영향을 끼쳤습니다.

사막의 교부들과 수도생활

250년 경 데시우스 황제의 박해가 일어났을 때, 많은 교인들이 사막으로 나가서 은둔하게 되었습니다. 초기 수도사 가운데 안토니는 수도원 제도의 창시자로 알려졌습니다.

수도생활은 313년 로마의 기독교 공인 후에도 계속 되었습니다. 기독교가 로마의 공식종교가 되면서 당시 크리스천의 헌신을 드러내는 최고의 이상이었던 순교는 사라지고 급속하게 세속화 현상이 일어났습니다. 교회의 본질과 영성이 흐려졌던 것입니다. 그러한 상황에서 하나님께 대한 사랑과 헌신을 드러내는 당시의 최고의 영성생활이 수도생활이었습니다. 그런 연고로 중세 1000년 동안 기도와 영성을 주도하는 수도원 운동이 크게 일어났습니다.

그후 수도생활은 지속적으로 발전하여 5세기에 이르러서는 이집트, 팔레스틴, 시리아, 아라비아, 페르시아까지 널리 퍼져 나갔습니다. 수도생활은 그 시대의 산물이었습니다.

사막 교부들의 금언집 (Verba Seniorum)
이 금언들은 영적 지도를 구하는 사람에게 원로들이 주는 대답의 형태로서 짧은 일화 사이에 삽입되어 있는데 은둔자(anchorite)들의 삶, 지혜, 겸손 등에 대한 묘사이다.

히포의 어거스틴 (354-430)
어거스틴은 교대 교회사에서 가장 뛰어난 인물입니다. 그는 가장 고상한 언어로 하나님을 추구하며 하나님을 찬양한 위대한 영성적 사상가였습니다. 그는 하나님과의 만남과 자신의 신앙을 고백한 <고백록, Confession>과 기독교 역사철학서인 <신의 도성, the City of God>을 비롯한 수많은 명저를 남긴 위대한 저자입니다.

390년에는 그의 고향 히포에 수도생활 공동체를 세웠습니다. 그는 감독이 된 후에도 자신이 거느린 성직자와 함께 공동체 생활을 계속했으며, 일종의 '성직자 수도원 운동'의 창시자가 되었습니다.

Q 오늘날의 교회가 특별히 본받아야 할 초대교회의 영성은 무엇입니까?

2 중세교회의 영성

중세는 476년 로마의 멸망과 더불어 시작되었다고 볼 수 있습니다. 로마의 멸망은 당시 유럽과 고대 근동의 질서를 바꾸어 놓는 엄청난 파장을 몰고 왔습니다. 로마를 통한 평화와 법질서와 문화가 사라졌습니다.

로마의 멸망 후, 유럽의 질서를 다시 확립한 것은 교회였습니다. 이 일은 중세교회의 두 중요한 기관인 수도원과 교황청에 의해 이루어졌습니다. 수도원은 지역 발전의 중심이 되었습니다. 중세는 수도원 중심으로 기독교 문화를 꽃피웠습니다. 중세 수도원은 그 시대의 산물이었습니다.

중세 수도원의 발전과 역할

수도원 운동은 중세 이전에 고대 이집트에서 이미 시작되었습니다. 하지만 제도화되어 왕성하게 일어난 것은 중세였습니다. '서유럽 수도회의 아버지'라 고 불리 우는 누르시아의 베네딕토(480-550)는 서방교회의 수도원 규칙과 제도를 만들었습니다.

중세 수도원은 농지를 개간하여 경작함으로 지역 경제발전에 기여하였고, 성경을 비롯한 여러 서적을 복사하여 학문의 중심지가 되었으며, 어린이를 가르치는 교육기간이기도 했습니다. 당시 병원과 약국이었으며, 여행자가 쉬어갈 수 있는 여관 역할도 하였습니다.

탁발수도회(托鉢修道會)의 출현

12세기 말에 부와 권력에 집착하는 교회 지도자들의 반발로 철저한 가난을 실천하고자 하는 수도자들이 생겨났습니다. 이들은 일체의 재산을 거부하고 거의 노숙자의 모습으로 걸식하는 생활을 했기에 걸식(乞食) 수사라고 불리기도 하였다. 이들은 빈곤을 이상으로 삼고 거리에서 걸식하며 가난하고 소외된 자들과 함께 지내는 것이 그리스도의 형상을 닮는 것이라고 생각한 것입니다. 이들에게 구원의 방편은 가난이요 선행이었습니다.

이들로 말미암아 수도원운동은 전혀 새로운 국면을 맞이하게 되었고, 중세 기독교는 행위를 강조하는 교회로 나아가기 시작했습니다. 후에 탁발수도회로는 프랜시스수도회, 도미니코수도회, 갈멜수도회, 어거스틴수도회 등으로 발전하였습니다.

14세기 중세의 신비주의

중세 말에 가톨릭교회의 타락을 바로 잡기 위한 개혁의 일환으로 신비주의 운동이 일어났습니다. 이 운동은 스스로 신비한 체험을 통해서 하나님과 연합해 보려는 움직임이었습니다. 이러한 신비주의 운동은 당시 미신에 빠져서 신비한 면을 추구하는 대중들의 마음을 사로잡아 널리 펴져 나갔습니다. 가장 대표적인 신비주의자는 마이스터 에크하르트, 리처드 롤, 월터 힐튼, 노리치의 줄리안 등입니다. 기독교 신비주의의 전형적인 형태는 정화(淨化)와 조명(照明)과 연합(聯合)의 단계입니다.

14세기 신비주의는 16세기 스페인의 아빌라의 테레사, 십자가의 성 요한 등으로 이어졌습니다.

종교개혁 이전의 중세 개신교 운동

중세 말기 가톨릭교회에 대한 비판이 일어나가 시작 할 때, 성경의 권위 회복과 교회 교리의 근본적인 개혁을 추구하는 움직임이 일어났습니다. 가장 대표적인 인물이 영국의 존 위클리프(1320-1384)와 오늘날의 체코인 보헤미아의 존 후스(1372-1415)였습니다. 이들은 개신교 종교개혁의 선구자들로서 루터의 종교개혁에 지대한 영향을 주었습니다.

중세교회의 재평가

중세교회에 대한 새로운 발견과 오늘날 교회에 적용은 지금 개신교 영성의 중대한 과제입니다. 우리 개신교는 중세 천년(5-15세기)을 아예 로마 가톨릭의 역사로 간주하여 눈길조차도 주지 않았습니다. 우리는 중세가 가톨릭의 역사이면서도 동시에 개신교의 역사도 포함되어 있다는 사실을 상기할 필요가 있습니다.

우리 개신교는 중세의 어두운 면을 지나치게 부정적으로 바라봄으로 중세의 밝은 면을 놓치는 안타까움이 있습니다. 목욕물이 더럽다고 아기까지 버리는 우(遇)를 범하지는 않는가하는 아쉬움이 있습니다. 중세교회에서 우리가 캐어야 할 보배로운 광맥이 있다면, 우리는 다시 캐어서 우리의 신앙을 더욱 풍요롭게 할 필요가 있습니다.

중세는 암흑기입니까?

사실 중세는 암흑기만이 아니었습니다. 중세는 아시시의 프랜시스와 토마스 아 켐피스 등, 위대한 영성 지도자들을 낳았고, 대학을 탄생하게 했으며, 강력한 기독교 문화를 일으켰으며, 거대한 성당들을 건축하는 놀라운 건축술을 보여주었습니다.

중세를 비추는 가장 밝은 빛은 예수 그리스도였습니다. 중세 사회는 기독교 사회요, 그들의 세계관은 철저히 영적이었습니다. 중세는 교회뿐만 아니라 사회의 모든 영역에 기독교적 이미지들이 스며있습니다. 기독교와 무관한 사상과 운동은 하나도 없을 정도로 기독교적이었습니다.

중세 말기를 향하면서 교회가 제도화와 세속화의 과정을 거치면서 타락하기는 하였으나, 중세교회의 비전은 기독교 문화를 꽃 피우며, 기독교적으로 사는 영적 사회를 건설하는 것이었습니다. 중세문화가 하나님과 성경에 뿌리를 둔 문화이고, 신학이 모든 학문의 여왕으로 그 위치를 확고히 했다는 것은 사실입니다. 중세교회와 사회, 그리고 수도원의 수많은 모순과 갈등 속에서도 기독교 사회를 건설하고자 하는 열망만큼은 대단하였던 것입니다.

중세교회와 사회를 미화하자는 것이 아니라, 중세시대에는 꽃피웠으나 지금은 파묻힌 기독교 신앙의 유산과 전통이 있다면, 그것을 다시 찾자는 것입니다. 그러므로 우리 개신교의 영성생활을 더욱 풍요롭게 하자는 것입니다.

Q 오늘날 세속화된 사회를 사는 우리 크리스천들이 중세의 영성 생활에서 본받을 점이 있다면 무엇입니까?

3 근대와 현대의 영성 : 개신교 영성의 물줄기를 따라서

우리는 지금까지 고대와 중세의 기독교 영성의 세계를 여행했습니다. 이제부터는 개신교 영성을 중심으로 근대와 현대의 기독교 영성의 세계를 여행하며 당시 영성 지도자들과 그들의 저서를 살펴보고자 합니다.

오늘날 개신교 영성은 마르틴 루터(1483-1546)와 존 캘빈(1509-1564)을 비롯한 종교개혁자에 뿌리와 토대를 두고 경건주의, 청교도, 복음주의 운동으로 자라나서 19세기 선교의 꽃을 활짝 피우며 오늘에 이르게 되었습니다. 그럼 우리 모두 함께 개신교 영성의 물줄기를 따라 여행하는 가운데 깊은 영적 가르침과 경건한 삶에 푹 빠져들기를 바랍니다.

16세기 종교개혁 운동

1517년 10월 31일, 독일 비텐베르크 교회의 정문에 붙여진 <95개 조항>은 마르틴 루터조차도 상상하지 못한 엄청난 파장을 불러 일으켰습니다. 그것은 곧 중세 천년의 기독교 체계를 무너뜨린 종교개혁의 시발점이 되었습니다. 이 변화는 종교라는 한 면에 국한되지 않고 정치, 경제, 사회, 문화 모든 영역에 걸쳐 혁명적인 새 시대를 열어 줌으로 유럽을 중세에서 별안간 새로운 세계, 근세를 시작하게 했습니다.

개혁자 루터와 캘빈은 탁월하고 폭넓은 사상가이자 성경해석학자였습니다. 그들은 올바른 성경해석과 바른 믿음과 삶에 관심을 가지고 기독교 영성을 재형성하였다. 특히 캘빈의 <기독교 강요>는 바른 믿음과 거룩한 삶에 대한 성경적 설명으로 개신교의 핵심적인 영성을 잘 보여주는 고전입니다. 교부들의 고전처럼 기독교강요는 성경적인 영성생활의 훌륭한 안내서입니다. 그 탁월한 고전은 자아의 삶에서 벗어나 하나님을 위해 자유로운 영혼이 되어 믿음과 사랑의 신령한 삶을 사는 영성생활을 분명하게 제시하고 있습니다.

한편 루터와 캘빈의 종교개혁은 당시 가톨릭교회에게는 엄청난 충격이었습니다. 이 충격으로 인해 가톨릭교회 내에서도 개혁의 바람이 일어났습니다. 대표적인 개혁이 이그나티우스 로욜라(1491-1556)가 이끌었던 예수회였습니다. 그가 만든 예수회 영성훈련의 모범인 <영신수련, Spiritual Exerecises>은 널리 보급되어 오늘날까지 이르고 있습니다.

17세기 경건주의와 청교도 운동

종교개혁이 일어난 후, 여러 세대가 지나감에 따라 그 본래의 취지와 열정이 약해지게 되었습니다. 그동안 끊임없는 교리 논쟁은 사람들로 하여금 신앙과 경건한 삶에 대한 관심을 잃게 만들었습니다. 이러한 상황에서 기독교 신앙을 일상의 삶에 적용시켜 보려는 움직임이 일어나게 되었습니다. 이 움직임이 독일을 중심으로 한 유럽대륙의 경건주의(Pietism)와 영국의 청교도 (Puritanism)운동이었습니다.

당시 경건주의자와 청교도는 신학논쟁이나 제도적 교회보다는 일상생활 속에서의 경건생활에 큰 관심을 보였습니다. 그들은 머리가 아니라 가슴으로 하나님을 체험하며 개인적인 믿음, 죄의 자각, 자기성찰, 신앙의 순결, 구제, 복음전도 등을 강조하는 경건생활을 하였습니다. 그들은 개인적 삶이나 하는 일 모두가 기도와 묵상, 찬양과 예배로 형성되기를 소원했습니다.

존 번연(1628-1688)은 영국에서 청교도 운동의 절정기를 이룰 때에 태어나 가장 영향력 있는 기독교 고전 <천로역정>을 감옥에서 저술하였습니다.

18세기 복음주의 부흥운동

18세기 초, 유럽과 미국의 교회들은 극도의 침체기에 접어들었습니다. 바로 그때 부흥운동이 일어났습니다. 영국에서는 존 웨슬리(1703-1791)와 조지 윗필드(1714-1770)를 중심으로 복음주의 부흥운동이 일어났습니다.

미국에서는 청교도적 영성의 소유자요 탁월한 신학자인 조나단 에드워즈(1703-1758)을 중심으로 여러 차례의 대각성 부흥운동(1734-1742)이 일어났습니다. 미국 대각성 부흥운동은 철저한 회개를 동반한 영적 각성운동이었었습니다. 당시 세속에 동화된 교인들이 술과 도박 등을 끊고 자신의 삶을 변화시켜 성실한 사람이 되었습니다. 복음회복은 교회성장과 세계선교로 이어지고, 더 나아가 사회개혁으로 이어졌던 것입니다.

19세기, 선교의 영성의 위대한 세기

18세기 부흥운동은 19세기에 이르러 선교운동으로 이어졌습니다. 19세기는 그야말로 위대한 선교사들의 시대였습니다. 윌리암 캐리, 허드슨 테일러, 로버트 마펫, 리빙스턴 등 그 이름을 다 헤아릴 수 없는 수많은 선교사들이 세계 곳곳에서 열정적인 선교사역을 수행했습니다. 그 결과 기독교는 서구의 종교가 아닌 그야말로 세계의 종교로 발돋음하였습니다. 나는 한때 위대한 선교사들의 영웅적인 삶에 푹 빠져 살았던 적이 있었습니다.

20세기 초, 개신교 부흥운동

20세기에 들어서면서 세계 곳곳에서 강력한 부흥운동이 일어났습니다. 대표적인 부흥운동은 영국 웨일즈의 부흥운동(1904-05), 인도 카시아 부흥운동(1905), 미국 아주사 거리 부흥운동(1906-1931), 평양 부흥운동(1907), 중국 호난성 부흥운동(1908) 등입니다.

20세기 초, 개신교 부흥운동은 복음주의 신앙을 강화시켜 주었고 동시에 당시 생겨난 자유주의 물결을 막아주는데도 대단한 힘을 발휘했습니다. 부흥운동을 통해서 신자들은 복음이 살아있는 전통적인 신앙을 그대로 유지할 수가 있었습니다.

20세기 말, 개신교 영성운동

과거 개신교는 '영성'이라는 용어 대신에 '경건'이나 '성결' 같은 용어를 사용하는 경향이 있었습니다. 개신교에서 '영성'이란 용어를 자주 사용한 것은 20세기 후반에 들어서인 것으로 보입니다(앨리스터 맥그래스).

1970년대에 이르러 개신교 내에서도 영성운동이 다각적으로 활발하게 일어났습니다. 히포의 어거스틴, 아시시의 프랜시스, 토마스 아 켐피스, C. S. 루이스 등의 책들은 하나님과 친밀한 삶과 영성의 세계에 대한 깊은 관심을 불러 일으켰습니다.

청교도적 신학자인 제임스 패커, 기독교 철학자 달라스 윌라드, 영성 작가 리차드 포스터, 유진 피터슨, 켄 가이어 등의 저서들도 개신교 영성형성에 지대한 영향을 주었습니다. 특히 캐나다, 밴쿠버에 위치한 리전트 대학(Regent College)은 신학과 영성을 함께 다루려는 독창적인 시두 때문에 명성을 얻게 되었습니다.

한편 가톨릭교회 진영에서는 토마스 머튼과 헨리 나우웬 등과 같은 영성 지도자들이 그들의 영성 책들을 통해 대중적인 독자층을 확보하며 크게 활약을 하였습니다. 이들의 영성서적들은 개신교에서도 많이 익혀졌습니다.

왜 오늘날 기독교 영성운동이 필요합니까?

금세기는 '영성'에 대한 관심이 넘쳐나는 시대입니다. 오늘날 사회 각계각층, 어디서든지 영성에 대해 관심을 표방하는 사람들을 만날 수 있습니다. 한마디로 영성은 우리 사회가 요구하는 매력덩어리입니다. 그래서 금세기를 흔히 '영성의 시대'라고 합니다. 오늘날 갖가지 영성운동이 일어나고 있습니다. 일단 이것은 좋은 현상이라고 할 수 있습니다. 하지만 그 이면에 숨겨진 위험성을 간과해서는 안됩니다.

현대인의 영성에 대한 폭발적인 관심은 위기와 기회의 두 얼굴을 하고 있습니다. 요즈음 영성에 대한 관심이 과도하게 증폭되어 영성이 상품화되는 상황에까지 이르렀습니다. 게다가 미혹자(迷惑者)는 영성이란 이름으로 현대인들을 혼란에 빠뜨리고 있습니다. 많은 현대인들이 그릇된 영성으로 인해 비정상적인 생활을 합니다. 이러한 그릇된 영성은 현대인에게 영적 혼란만 가중시켰을 뿐, 영적 갈증을 해소시켜 주지는 못하였습니다. 이를테면 물을 마셔야하는데 콜라를 마심으로 갈증만 더 커지고 있는 것입니다.

이는 더 이상 간과할 수 없는 중차대한 문제입니다. 이럴 때에 성경적인 바른 기독교 영성을 정립할 필요가 절실합니다. 예컨대 그릇된 영성을 막는 최선의 길은 성경에 기초한 올바른 기독교 영성을 소개하는 것입니다. 그렇게 함으로 균형을 잃어버렸거나 불건전한 영성을 바로잡아 나가야 합니다.

 근대와 현대의 영성운동 가운데 오늘을 사는 당신에게 가장 도전적인 것이 무엇입니까?

8코스

그러면 우리는 어떻게 살 것인가?

1) 실천해야 할 삶 (나)

기독교 영성의 다양한 역사를 이해하고, 오늘날 잘못된 영성에 미혹되지 않고, 성경적인 바른 영성생활을 합시다.

2) 나누어야 할 사역 (교회 공동체)

주위 교인들과 개신교 영성운동을 주제로 대화하는 시간을 가져봅시다.

3) 나누고 섬겨야 할 과제 (예비신자 오이코스)

예비신자들에게 21세기 오늘날의 바른 영성생활을 소개합시다.

9코스 기독교 영성의 전통들 (신앙의 틀)

성경본문

내가 그리스도를 본받는 자가 된 것 같이 너희는 나를 본받는 자가 되라 너희가 모든 일에 나를 기억하고 또 내가 너희에게 전하여 준 대로 그 전통을 너희가 지키므로 너희를 칭찬하노라 고전 11:1-2

전통(傳統, tradition)의 일반적인 의미는 어떤 집단이나 공동체에서 과거로부터 이어 내려오는 바람직한 사상이나 관습, 행동 따위가 계통을 이루어 현재까지 전해지는 것을 말합니다. 또 전통은 오랜 세대를 거치면서 그 가치가 널리 인정된 문화나 관습을 말합니다. 전통은 전대(前代) 보다는 후대(後代)에 더 가치가 커지는 경향을 보입니다.

전통의 영성은 과거 곳곳에서 일어난 다양한 영성운동이 시대와 장소를 초월하여 널리 인정받아 보편타당성을 지니면서 명실공이 '전통'으로 자리 잡아 오늘날 우리에게 전해진 값진 보물입니다. 전통의 영성은 인류를 향한 하나님의 큰 축복이요, 인류의 유산입니다.

"전통은 언제나 낡은 것으로되 동시에 새로운데, 그것이 항상 되살아 나 각 세대마다 새롭게 다시 태어나, 새롭고 특별한 방식으로 살아나고 적용되기 때문입니다. 전통은 창조적입니다. 언제나 본래적이지만 언제나 낡은 여정에 새로운 지평을 엽니다. 그것은 우리에게 어떻게 살아갈지 가르치는데, 그것이 우리의 능력을 개발하고 발전시키며, 우리가 살고 있는 이 세계에 우리 자신을 어떻게 헌신할 것인지 보여주기 때문입니다"(머튼).

1 풍성한 유산을 가진 기독교 영성적 전통들

기독교는 2000년이 넘는 역사 동안 하나님을 사랑할 수 있는 풍요롭고 다양한 전통을 남겨 주었습니다. 이 전통은 신앙생활의 바탕이요, 뼈대입니다. 영적 성장의 잠재적인 통로요, 삶의 영적 환기통입니다. 신앙에 틀을 입히십시오. 그러면 우리의 신앙이 결코 허물어지지 않고 강해집니다. 그 신앙의 틀이 바로 전통입니다.

예수님은 신앙의 전통을 소중히 여겨, 그 유례에 따라 신앙생활을 하셨습니다. 그 일례로 예수님은 규례대로 안식일 마다 회당에 가셨습니다. 베드로와 요한 또한 전통적인 기도 시간에 맞추어 규칙적으로 기도하였습니다.

기독교 전통의 기준

과거 2000년 동안 발전되어 오늘날까지 내려온 전통은 신앙의 틀로서 우리에게 남아 있습니다. 우리가 매일 행하고 있는 중요한 신앙의 틀은 어떤 것들이 있습니까가? 이들 하나하나는 유구한 역사를 통하여 다듬어지고 검증된 보석들입니다. 앞으로 이 책을 읽어 내려가는 가운데 그러한 보석들을 하나하나 발견해 나가기를 바랍니다. 기독교 전통으로 규정하는 기준은 다음과 같습니다.

1) **성경**: 성경에 깊이 뿌리를 내리고 있는가?
2) **검증과 열매**: 오랜 역사를 통해 많은 열매를 맺음으로 영적 유익성이 충분히 입증되었는가?
3) **신앙의 틀**: 오늘날 신앙생활의 일정한 틀로 자리 잡았는가?

여기서 소개하는 영성의 전통은 오늘날 교회에서도 그대로 적용할 수 있는 매우 유익한 보석들입니다. 이러한 보석들은 더욱 아름답게 다듬어서 우리들의 신앙을 위해 유용하게 활용하여야 할 것입니다.

Q 전통의 기준은 무엇입니까? 그리고 내 신앙이 전통에 토대를 둔 바른 신앙인지 점검하는 시간을 가지시기를 바랍니다.

2 전통적인 영성생활 / 신앙의 틀

오늘날 우리에게 남겨진 소중한 신앙의 전통들은 무엇입니까? 그 전통들은 유구한 역사를 통해 다음어지고 검증된 보석들입니다. 그 보석들은 간략하게마나 하나하나 살펴보는 시간을 가져봅시다.

성경말씀묵상 (렉시오 디비나)
성경말씀묵상은 전통적으로 모든 크리스천에게 있어서 가장 중요한 영성생활이었습니다. 그 전통성은 시편 1편에 여실히 드러납니다. "복 있는 사람은...오직 여호와의 율법을 즐거워하여 그 율법을 주야로 묵상하는 자이다"(시 1:1-3).

기도생활
크리스천이라면 누구나 기도의 사람이 되어야 합니다. 우리는 우리의 기도에 틀을 입혀서 기도를 습관화하고 생활화하여야 합니다.
기도서를 만들어 기도하는 것도 유용한 기도생활입니다. 기도문 암송은 전통적으로 중요한 영성생활이었습니다.

예배와 성례
예배와 성례(세례와 성찬)는 성경말씀과 기도와 함께 매우 중요한 기독교 전통입니다. 한편 전례(liturgy, 교회력) 그리스도의 삶에서 발생한 주요한 사건과 구원과 관련된 하나님의 행위들의 재연입니다.

기독교 절기
구약시대는 유월절, 칠칠절, 초막절 등, 최소 세 번의 주요 절기와 기타 종교축일이 있었습니다. 이들 절기는 하나님의 규례대로 즐겁게 지내는 일종의 신앙축제였습니다. 오늘날 절기인 부활절, 추수감사절, 성탄절, 성령강림절, 대강절, 승천일 등은 매우 중요한 신앙의 틀입니다.

공동체

기독교 전통은 성도가 일반사회의 각종 모임에 참여하는 것을 반대하지는 않지만, 신앙의 어머니요 양육자인 교회 공동체에 닻을 내리고, 교회를 구심점으로 활동할 것을 강조합니다(행 2:42-47). "두 세 사람이 내 이름으로 모인 곳에는 나도 그들 중에 있느니라"(마 18:20).

의식

전통적인 기독교 의식은 우리 신앙의 틀을 제공합니다. 하지만 종교의식이란 남을 판단하기 위해서가 아니라 자신의 신앙을 세우기 위해 사용되어져야 합니다(롬 14장).

영성훈련 (경건훈련)

영성은 단순히 생각이나 개념이 아니라, 기독교적 삶을 온전히 살아내는 것이기에 반드시 훈련의 관정이 필요합니다. 영성훈련은 참된 기독교 영성적 삶으로 자라가도록 돕습니다. 한편 캘빈주의 개혁파 교회와 감리교회는 영성훈련(경건훈련)을 영적 성숙의 필수과정으로 강조해 왔습니다.

영성형성 (Spiritual formation)

영성형성은 영성이 삶 속에서 일정한 틀로 자리를 잡아가는 것을 말합니다. 기독교 영성은 신앙의 틀로서 자리를 잡아서, 습관화되고 생활화되어, 영성이 생활로 형성되어야 마땅합니다. 영성에 의해서 점차적으로 변화되어 가는 것을 '영성이 형성되어 간다'고 합니다.

희생 (자기 부인)

자기부인, 자기성찰, 금식, 순교, 청빈, 절제, 비움(버림), 떠남, 공동체 생활, 금연, 금주 등, 이와 같은 희생은 주님을 위해 자신의 것을 포기하는 아름다운 영성생활입니다. 거룩한 삶의 중심에는 언제나 자기희생이 있습니다. 주님은 자신을 희생하여 이 땅에 오셔서 가장 낮은 자의 모습으로 사셨고, 마지막에는 십자가 위해서 희생제물이 되셨습니다. 이러한 주님의 희생이 기독교의 전통이 되어 아름답게 내려오고 있습니다. 성경은 우리에게 희생의 제물이 되라고 하십니다(롬 12:1-2). 한 알의 밀알이 되라고 하십니다(요 12:24).

금식

금식은 수천 년간 유대 기독교 전통의 필수적인 영성생활이었습니다. 그리고 오늘날에도 성경에 기초를 둔 매우 주요한 영성생활입니다. 금식은 '그 어떤 유혹도 뚫을 수 없는 방패'로서 경건한 삶의 본질에 속합니다.

금욕

영성생활을 위한 적절한 육신적 금욕생활은 필수적입니다(마 24:41 참조). 금욕주의는 몸을 죄악시하거나 죄 사함과 상급을 위해서 자기 몸을 학대하거나 비상식적인 행위를 하는 고행주의하고는 구분되어져야 합니다.

영적 지도와 자기 성찰

이 땅에서의 우리의 신앙생활은 늘 불안정합니다. 넘어졌다가 일어나기를 반복합니다. 산 정상에 선 것 같은 기쁨에 있다가도 어느 순간 한 없이 추락하는 자신을 발견합니다. 그러므로 우리는 늘 자신을 성찰하며, 더 나아가 영적 지도를 받아야 합니다.

영적 분별

영성생활에 있어서 영적 분별은 반드시 필요합니다. 모든 영적 사고와 활동이 하나님으로부터 비롯되었는지 아니면 사탄으로부터 비롯되었는지 분별해야 합니다.

복음전도

전통적으로 복음주의 교회는 말씀묵상과 기도와 함께 복음전도를 영성생활의 핵심으로 보고 실천하였습니다.

영적 글쓰기 (영성일기)

전통적으로 영적 글쓰기는 영성생활의 주요한 방편이었습니다. 이는 오늘날에도 마찬가지입니다. "글은 마음의 거울이다"라는 말처럼, 우리는 글을 쓰는 동안 자신을 성찰할 수 있습니다. 그래서 자신의 삶을 솔직하게 글로서 드러내는 것은 매우 중요한 영성생활입니다.

토머스 머턴, 헨리 나우웬, 유진 피터슨, 켄 가이어 등, 대다수의 영성작가들은 글쓰기를 통해 영성생활을 하였습니다. 글을 쓰는 도중에 수많은 영감이 오고 가는 즐거움이 있고, 영적 성숙이 일어납니다.

기독교 고전 읽기

우리는 기독교 고전을 통해 기독교 전통의 위대한 영적 풍요로움에 접하게 됩니다. 고전이란 세대를 거치면서 그 가치가 인정된 책입니다.

어거스틴의 <참회록>, 유고리노 형제의 <성 프랜시스의 작은 꽃들>, 아 켐피스의 <그리스도를 본받아>, 존 번연의 <천로역정>, 로렌스 형제의 <하나님의 임재연습>, 존 캘빈의 <기독교 강요>는 대표적인 기독교 고전에 속합니다.

상징 (아이콘, icon)

기독교의 주된 상징은 무엇입니까? 다음과 같은 많은 상징들이 있습니다. 십자가, 물고기, 무지개, 방주, 촛대 등의 상징이 신앙의 중심으로 등장하면 우상화될 위험요소도 있지만, 적절하게 활용하면 신앙을 일깨우는 장치가 될 수도 있습니다. 기독교는 전통적으로 상징을 풍성하게 사용하여 왔습니다.

가톨릭 수도원에 따른 영성생활

이에 속한 대표적인 영성생활로 렉시오 디비나(Lexio Divina, 영적 독서)와 관상기도가 있습니다. 이는 지나친 신비적 속성으로 인한 부작용 때문에 개신교에서는 권장하지 않는 것입니다.

렉시오 디비나는 중세 수도원 전통에서 독특한 영적 수행법으로 꽃피웠던 성경묵상 영성생활이었습니다. 당시 수도자에게 있어 렉시오 디비나는 영성생활의 구심점이었고 하나님께 가까이 나아가는 중요한 수행법이었습니다.

관상기도는 중세 수도원을 중심으로 오랜 기간 동안 실시되어온 기도방법인 만큼 관상에 대한 이론과 실천이 교파와 학자에 따라 매우 다양합니다. 따라서 관상기도에 대해서는 바로 이것이다 하고 한마디로 정의하기가 쉽지 않습니다. 어느 영성신학자는 "관상기도는 마리아처럼 주님비의 발치에서 사랑으로 가득 차 주님을 바라보는 것이다"(요 13:23-24 참조)라고 하였습니다. 사랑으로 가득 차 있는 연인들이 서로를 바라보고 있으면 어떤 현상이 일어날까요? 기쁨, 감격, 벅찬 가슴, 대화, 소원, 편안함, 안정, 친밀감, 갈망, 재충전, 등 이루 말할 수 없는 감정과 생각이 일어날 것입니다. 관상기도에 들어갈 때 그러한 감정과 현상이 일어난다는 것입니다. 그래서 관상기도는 주님의 임재 안에서 안식, 치유, 기쁨, 등을 누리는 기도라고 합니다. "너희는 여호와의 선하심을 맛보아 알지어다"(시 34:8).

기타

봉사, 구제, 청빈(가난), 절제, 단순한 삶, 침묵, 고독, 독신 등

Ⓠ 당신이 현재 가장 풍성하게 영적 유익을 누리고 있는 신앙의 전통은 무엇입니까? 서로 소개하는 시간을 가져봅시다.

3 전통적 영성생활의 주요한 모델들

1) '하나님께 가까이' 모델

하나님과 친밀함을 추구하는 영성생활입니다. "하나님과 가까이 함이 내게 복이라"(시 73:28). "하나님을 가까이 하라 그리하면 너희를 가까이 하시리라"(약 4:8). '하나님께 가까이' 모델은 어거스틴의 〈고백록〉에 잘 나타나 있습니다.

당신을 찬양하는 제단 앞에 나의 온 마음을 바칩니다.
찬양의 번제를 모두 다 당신에게 드립니다.
당신의 사랑으로 불태우소서.
나의 온 몸에 불을 붙이소서.
내 안에 남는 것이 하나도 없게 하소서.
나를 쳐다볼 수 있는 것은 오로지 내 안에 있는 무(nought)가 되게 하소서.
다만 내가 전적으로 하나님을 향해서만 불타오르게 하소서.
전적으로 당신을 향하여 불이 붙게 하소서.
전적으로 당신만을 사랑하게 하소서.

2) '그리스도를 본받아' 모델

기독교 영성의 전통에서 꾸준히 대두되어온 주제는 '그리스도를 본받아'입니다. 그래서 신앙의 선배들은 그리스도를 본받기 위해 훈련을 하면서 많은 지침서를 남겼습니다.

이 모델을 제시한 대표적인 두 사람은 성 프랜시스와 토마스 아 켐피스입니다. 이들에게 있어 영성이란 자신의 전인적 삶을 그리스도의 인격과 삶에 일치시키는 것을 의미했습니다. 기독교 영성사의 가장 큰 물줄기는 성육신적인 삶을 인간의 실제 삶 속에서 구체적으로 실현하고자 하는 영적 흐름이라고 할 수 있습니다.

3) '예수 그리스도와 깊은 사랑에 빠짐' 모델

오직 예수 그리스도만을 바라본 청교도 설교자인 토마스 굳윈 (1600-1680)은 그리스도와 깊은 사랑에 빠진 신앙인으로 유명합니다. 그는 그리스도와의 사랑을 다음과 같이 표현하였습니다. "만일 내가 천국에 가서 그리스도가 거기 계시지 않는 것을 발견한다면 나는 즉시 떠날 것입니다. 왜냐하면 그리스도가 없는 천국인 내게 지옥이 될 것이기 때문입니다."

"그리스도는 생명의 샘이시네. 그 누가 이 샘의 깊이를 알 수 있단 말인가? 에덴 동산과 같은 낙원 수천만 개를 한 곳에 모아 보게. 모든 나무, 모든 꽃, 모든 향기, 모든 색깔, 모든 고상함, 모든 기쁨, 모든 사랑스러움, 모든 달콤함을 한 곳에 모아 보게. 오, 그 얼마나 아름답고 훌륭한 것이겠는가? 하지만 한 방울의 비 방울이 모든 바다와 강과 호수와 땅에 있는 수만 개의 샘에 비해 아무것도 아닌 것처럼 그것도 저 아름답고 소중하고 사랑스러운 그리스도에 비하면 아무것도 아니라네"(사무엘 루더포드).

4) '순례자' 모델

이 모델의 대표적인 경우가 히포의 어거스틴의 <고백록, Confession>과 <신의 도성, The City of God>입니다. 어거스틴은 이 땅에서의 성도의 삶을 하나님의 나라를 향해 나아가는 '순례자(나그네) 삶'으로 보았습니다. 존 번연의 <천로역정, The Pilgrim's Progress>은 17세기 이후 개신교 전통 안에서 가장 영향을 끼치고 있는 '순례자' 모델 영성생활의 고전입니다.

Q 위의 4가지 영성생활 모델 가운데 당신이 가장 관심이 있는 모델은 무엇입니까?

* 참고로 가톨릭교회에서는 전통적으로 '상승' 모델이 있습니다. 이 모델은 정화, 조명, 연합(완성) 과정을 걸쳐 하나님과의 일치를 추구하는 모델입니다. 한편 이 모델은 지나친 신비적 속성으로 인한 부작용 때문에 개신교에서는 권장하지 않는 것입니다.

9코스

그러면 우리는 어떻게 살 것인가?

1) 실천해야 할 삶 (나)
기독교 신앙의 전통들을 잘 활용하여 전통에 토대를 둔 바른 영성생활을 합시다.

2) 나누어야 할 사역 (교회 공동체)
주위 교인들과 현재 자신이 누리고 있는 기독교 전통들을 주제로 대화하는 시간을 가져봅시다.

3) 나누고 섬겨야 할 과제 (예비신자 오이코스)
주위 예비신자들과 실제 일상생활 속에서 기독교 영성생활의 유익함을 이야기함으로 영성생활에 대한 호기심을 불어 일으킵시다.

10코스 영성을 찾는 현대인

성경본문
하나님이여 사슴이 시냇물을 찾기에 갈급함 같이 내 영혼이 주를 찾기에 갈급하니이다 시 42:1

'영성'이란 말이 오늘날 유행어처럼 번지고 있습니다. 그만큼 현대인들의 영적인 목마름이 크다는 이야기입니다. 금세기 산업화와 물질문명으로 인해 도처에서 야기된 영적 빈궁이 급기야 영성을 향한 큰 갈증을 불러 일으켰던 것입니다.

과거에도 영성추구는 있었습니다. 영성이 갑자기 생겨난 말은 아닙니다. 하지만 오늘날처럼 대중화되어 이렇게 떠들썩하지는 않았습니다. 수도원이나 교회에서 조용히 이야기되었었습니다. 하지만 "오늘날의 영성은 제도적인 기관을 빠져 나와 부유(浮遊)하고 있는 상태, 즉 공중에 흩어져 있는 혼란한 상태입니다"(유진 피터슨).

1 환상(幻想)은 무너졌습니다

현대문명의 궁극적인 목표는 과학기술의 발전을 통해 풍요와 번영의 유토피아 건설이라고 할 수 있습니다. "그들의 우상들은 은과 금이요 사람이 손으로 만든 것이라"(시 115:4).

하지만 20세기 말이 되면서 이 과학기술문명의 약속은 한낱 환상으로 끝났습니다. 우리 시대의 신화요 끔직한 악몽이었습니다. 일종의 공상임이었음이 확연히 드러났습니다. 역사학자들은 지난 20세기야말로 인류 역사상 가장 혼란했고 살인이 난무했던 시대였다고 판정합니다. 그야말로 20세기는 유토피아의 환상으로 시작하였으나 끔찍한 악몽으로 끝났습니다.

과학기술문명이 현대인에게 큰 기대감을 준 것은 사실입니다. 하지만 그것은 잠시였습니다. 곧이어 그 위험 때문에 불안과 두려움에 휩싸이게 되었던 것입니다. 갈수록 세속화 되고 비인간화 되는 세태 속에서 현대인은 인간성을 잃고 방황하고 있습니다. 현대인은 영적 기아 속에 헤매고 있습니다. 바쁜 스케줄 속에 삶의 목적과 방향을 잃고 내면의 혼돈 속에서 방황하는 현대인은 심한 영적 갈증에 시달립니다. 새로운 살길을 찾고 있습니다. 당신은 어떻습니까?

이와 같은 현대문명의 소용돌이 속에서 일어난 세속화, 개인화, 다원화라는 대중문화의 물결이 기독교 신앙을 비롯한 전통적인 가치관과 질서를 무너뜨리고 있습니다. 결과적으로 현대인들은 공허감에 시달리며 방황하고 있습니다. 그리고 현대인들은 새로운 대안을 찾고 있습니다. 그 대안 중에 하나가 영성생활입니다.

세상이 제 아무리 발전한다고 해도, 그 발전은 우리의 근본적인 갈망을 충족시키지 못합니다. 이는 인간은 세상이 충족시킬 없는 욕구, 즉 영원에 대한 본능적인 갈망이 있기 때문입니다. 현대문명이 약속한 것들 속에는 영적인 삶이 없습니다. 현대인들은 영적인 것으로부터 소외된 채 살아가고 있습니다. 하지만 인간 본능의 가장 밑바탕에는 하나님을 향한 영적 갈망, 즉 영성생활이 있습니다.

● **도표 : 현대 문명의 발전과 영성**

1492년	16-17세기	18-19세기	20세기	21세기
신대륙발견	문예부흥 종교개혁	계몽주의 산업혁명	과학기술문명 자본주의	자본주의 대중문화
현대의 시작	영성의 무관심	영성의 위기	영성의 실종	영성의 재발견

금세기, 우리는 영적 비상상태 가운데 살고 있습니다

현대문명의 결과로 금세기 사회는 전례가 없을 정도로 윤리적으로, 가정적으로, 사회적으로 큰 위기를 맞고 있습니다. 예기치 않은 뜻밖의 상황을 맞이하여 현대인들은 당황하고 있습니다. 새로운 돌파구를 찾고 있습니다. 그 돌파구가 영성생활입니다. 현대인이 찾고 있는 것은 제도화된 종교가 아닌 영성인 것입니다. 현대인들의 영성에 대한 기대와 갈급함은 대단합니다.

Q 오늘날 우리 시대의 가장 큰 문제점은 무엇이라고 생각합니까?

2 세속화의 물결이 거셀수록 영적 갈망도 강합니다

오늘날 물질과 쾌락 위주의 세속화 과정에서 현대인의 인간성과 정서는 날로 메말라 가고 있습니다. 게다가 지나친 세속적 가치 추구는 현대인으로 하여금 영적 세계와 분리된 삶을 조장합니다. 심지어 크리스천조차도 하나님의 임재 속에서 경건한 삶을 추구하기가 점점 어려워져 감을 느낍니다. 많은 크리스천들이 말씀과 삶이 분리된 채 영적 침체에 시달리고 있습니다.

하지만 인간은 본성적으로 영적 존재이기에 물질과 쾌락 위주의 세속화의 바람이 강할수록 영적 갈망 또한 강합니다. 이는 풍선을 누르면 누를수록 그 저항력도 더 커지는 것과 같은 이치입니다. 바다에 파도가 일어나듯이 영성의 파도가 끊임없이 일어납니다. 어둠을 받아들이면서 동시에 빛을 갈망하는 것은 우리 인간에게 있어서 엄청난 패러독스(역설)가 아닐 수 없습니다.

현대인들은 기성 종교에는 무관심하지만 영성에 대해서는 깊은 관심을 드러냅니다. 그러나 문제는 현대인들이 자신의 구미에 맞는 영성을 스스로 찾아 나선다는 것입니다. 기독교 영성 보다는 뉴에이지를 비롯한 각종 사이비 영성에 깊이 연관되어 있습니다. 명상, 요가, 참선, 단전호흡, 뇌호흡, 마음수련, 환생, 최면, 점성술, 강신술, 신접, 마술 등이 기승을 부리고 있습니다. 홍수가 나면 물이 혼탁해지듯이 오늘날 영성의 홍수 속에 영성적 환경이 갈수록 더 혼탁해지고 있습니다. 영성계의 오염은 현대인의 마음과 몸을 더욱 병들게 합니다.

현대인에게 있어 영성의 중요성 : 신앙과 삶의 일치

영성생활은 하나님의 말씀을 믿는 신앙과 삶의 일치를 가져옵니다. 신앙과 삶이 분리된 채 살아가는 오늘날 크리스천에게 영성생활은 특히 중요합니다. 어느 시대보다도 오늘날 기독교 영성의 전통으로 내려오는 '신행일치의 영성생활'이 절실하게 요구되어 집니다.

Q 왜 세속화의 물결이 거셀수록 영적 갈망 또한 강할까요?

3 현대인이 영성을 갈망하는 3가지 요인

영적 갈급함을 해소하고 굶주린 배를 채워줄 식탁으로 나아가기 전에 먼저, 현대인의 영적 기아의 원인을 살펴봅시다. 현대인으로 하여금 영적 갈급함을 느끼게 만드는 근본적인 요인은 무엇입니까? 오늘날 영성에 대한 기대와 갈망이 이렇게 강력하게 일어나게 된 요인은 어디에 있습니까? 그 요인들을 세 가지로 나누어 설명하자면 다음과 같습니다.

1) 본질적인 요인

인간은 본질적으로 영적 존재입니다. 인간은 하나님과 관계를 맺으며 존재할 수 있도록 창조되었습니다. 인간은 근본적으로 하나님과 밀접한 관계 속에서 자신의 삶의 목적과 가치를 발견하려는 경향이 있습니다.

현대인은 물질문화 속에서 급속한 사회변화를 겪는 가운데 영적인 세계를 상실하고 방황하고 있습니다. 영적 허탈감에 시달리고 있습니다. 그로 인해 현대인들은 자신들의 영적 삶의 의미와 가치를 일깨워줄 영적인 도움을 필요로 하고 있습니다.

우리 인간의 내면에는 물질과 성공, 세속적인 즐거움으로는 도저히 채울 수 없는 영적 공간이 있습니다. 이 공간은 세상을 초월해 있는 하나님으로만 채울 수 있습니다. 그래서 인간은 초월적인 존재, 하나님에 대해서 끊임없이 갈망하고 있습니다. 우리의 심령 속에는 영원을 사모하고(전 3:11), 천국을 갈망하는 영적 속성이 있습니다.

인간이 영적 목마름을 느끼는 보편적인 이유는 하나님이 그렇게 만드셨기 때문입니다. "당신은 손수 우리를 만드셨습니다. 그래서 당신 안에 안식하기 전까지는 우리들의 마음은 그 어떤 안식도 진정으로 느낄 수가 없습니다"(어거스틴).

"잊지 마십시오. 당신은 영원부터 영원까지 하나님께 속해 있습니다. 당신은 태어나기도 전부터 하나님의 사랑을 받았고, 죽은 지 오랜 후에도 하나님의 사랑을 받을 것입니다"(나우웬).

2) 개인적인 요인

현대인들은 집에 어린 자녀를 두고 외출한 엄마처럼 늘 불안합니다. 현대인들은 자동차, 핸드폰, 컴퓨터, TV 등, 온갖 문명의 이기를 가지고 살고 있지만, 삶의 만족도와 안정감은 갈수록 더 떨어지고 있습니다.

현대인은 새로운 형태의 고통을 날마다 경험하고 있습니다. 현대인은 풍요로운 문화생활을 영위하는 이면에는 뭔가를 잃어버린 것 같은 상실감을 느끼고 있습니다. 이로 인해 자신의 텅 빈 내면을 채워줄 영적 생활을 갈망하고 있습니다. 게다가 날마다 늘어나는 신흥범죄와 생활고로 인해 삶의 안정과 기쁨을 잃어가고 있습니다. 이로 인해 현대인들은 영적 삶에 눈을 돌리고 있습니다.

오늘날 많은 교인들이 하나님을 믿고 예배는 드리지만, 일상생활 속에서 하나님의 임재를 깊이 체험하지는 못하고 있는 실정입니다. 그런 이유로 교인들의 영적 갈망은 큽니다. 교인들은 하나님의 말씀을 단지 듣는 것을 넘어서서 하나님을 직접 체험하기를 원합니다. 살아계신 하나님과 보다 깊은 친밀한 관계를 가지길 원하고 있습니다. 하나님의 임재 속에서 자신의 삶 속에서 역사하시는 그 분의 손길을 느끼며 하나님과의 깊은 교제 속에 들어가기를 원합니다.

3) 사회적인 요인

오늘날 영적 목마름이 하나의 사회현상이 되었습니다. 현대인은 자신의 주머니를 털어 영적 갈증을 채우기 위해 혈안이 되고 있습니다. 미국의 시사주간지, <뉴스위크>지에서도 그동안 판매에서 수위를 차지했던 성(性)이나 자기 개발에 관한 책보다, 이제는 기도, 영성, 명상에 관한 책들이 더 인기를 끌고 있다고 보도한 적이 있습니다. 인터넷에서는 영성 관련 사이트들이 인기를 더해가고 있습니다.

현대 사회의 발전이 인간의 내적 공허함을 채워주지 못하는 것은 분명합니다. "집안을 더 많은 물건으로 채울수록 영적 공허함은 더 심해졌습니다. 수도승처럼 사는 것을 원하는 사람들과 새로운 깨달음을 찾아 헤매는 사람들이 점점 많아지고 있습니다"(하비 콕스). 현대인들의 영적 욕구를 채워주기 위한 비건전한 영성관련 활동이 곳곳에 일어나고 있습니다. 이는 예상치 못한 뜻밖의 상황입니다. 그렇다면 금세기 교회는 어떻게 이 시대를 섬겨야 합니까?

영성생활에 답이 있습니다

오이코스 영성생활이 세속화와 대중문화에 질식해 버린 오늘날 크리스천들의 숨통을 여는 신선한 공기가 되기를 바랍니다. 영성생활을 통해 놀랍고도 풍성한 복음의 삶을 체험합시다. 기쁨과 에너지가 넘치는 삶을 회복합시다. 현대인들의 살길은 하나님의 말씀에 귀를 기울이고, 날마다 하나님께 집중하는 영성생활입니다.

영성의 미래 : 올바른 성경적 영성생활

오늘날 영성은 누구에게나 가장 매력적인 주제 중 하나가 되었습니다. 그러면 앞으로 영성생활은 어떤 방향으로 진행되어야 합니까?

우리는 성경에 기초한 바른 영성생활을 추구해야 합니다. 오이코스 영성생활은 금세기, 동시대인의 '일상의 삶'에 초점을 맞춘 '생활영성'이요. 철저하게 삶의 현장에서 매일같이 일어나는 실제적 문제 속에서 영적 해결책을 구하는 '실용적 영성'입니다.

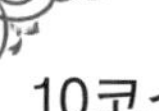 오늘날 현대인이 갈망하는 영성은 어떤 종류의 영성입니까? 그리고 미래에 바람직한 영성생활은 어떤 것입니까?

10코스

그러면 우리는 어떻게 살 것인가?

1) 실천해야 할 삶 (나)

당신의 영적 갈급함은 무엇입니까? 영성생활을 통해 그 갈급함을 해소하고, 더 나아가 영적으로 날로 성장합시다. 무엇보다도 새 시대에 새로운 일을 행하는 새로운 하나님의 사람으로 날마다 거듭납시다.

2) 나누어야 할 사역 (교회 공동체)

영적 갈급함을 느끼는 교인들을 만나서 <오이코스 영성생활>에 대해 이야기를 나누십시오.

3) 나누며 섬겨야 할 과제 (예비신자 오이코스)

영성은 교인들뿐만 아니라 비교인들의 관심분야이기도 합니다. 영성은 교인들과 비교인들의 공통 주제이므로 대화가 됩니다. 그러므로 예비신자들을 만나 <오이코스 영성생활>을 소개합시다.

4단계 치유의 영성

예수 그리스도 이래로 치유(healing)는 기독교 전통의 일부였습니다. 복음서는 예수님께서 놀라울 정도로 많은 시간을 사람들을 치유하신 것에 할애되어 있습니다.

치유는 영성생활의 주요 테마입니다. 영성생활 중에 끊임없이 치유가 일어나야 합니다. 여호와 라파! 치유하시는 하나님의 이름입니다. 하나님은 늘 우리의 마음과 몸을 치유하십니다. 치유란 가장 힘들어 하는 부분으로부터 자유로워지는 것입니다. "진리를 알지니 진리가 너희를 자유롭게 하리라"(요 8:32).

요즈음 '웰빙'을 넘어 '힐링' 열풍이 일어나고 있습니다

한때 우리 사회에 '웰빙'(well being)이 화두이던 때가 있었습니다. 하지만 요즈음은 '힐링'(healing)이 대세라고 합니다. 잘 먹고 잘 사는 것에서 더 나아가 적극적인 치유를 통해, 보다 건강한 삶을 지향하겠다는 것입니다. 우리 사회 곳곳에서 힐링의 바람이 불고 있습니다. 영성생활은 잘못된 것을 치유하는 힐링의 삶입니다.

4단계 치유의 영성

11코스　마음의 평화
12코스　마음 지키기
13코스　몸의 활기

영성생활을 통해 마음의 평화와 몸의 활기를!

11코스 마음의 평화 (샬롬)

성경본문

아무 것도 염려하지 말고 다만 모든 일에 기도와 간구로 너희 구할 것을 감사함으로 하나님께 아뢰라 그리하면 모든 지각에 뛰어난 하나님의 평강이 그리스도 예수 안에서 너희 마음과 생각을 지키시리라

빌 4:6-7

11코스는 '마음의 평화'입니다. 왜냐하면 평화란 먼저 우리의 마음에서부터 시작되어야 하기 때문입니다. 내 마음의 평화가 가정과 이웃, 직장과 사회, 민족과 세계의 평화로 이어지기 때문입니다. 그러므로 먼저 마음의 평화를 이루어야 합니다. "행복하게 산다는 것은 마음의 평온함을 뜻합니다"(시세로).

영성이란 가까운데서 시작하여 점차적으로 먼데까지 영향을 미치는 성향이 있습니다. 내 안에서 시작된 영성생활이 가족에게로, 또한 그 가족으로부터 사회로, 결국은 전 세계로 펼쳐 나갈 수 있습니다. 11코스는 이런 방향으로 나갈 수 있도록 마음의 행로를 이끄는 안내서입니다. 나 자신의 마음속에 이루어지는 내적 평화는 이웃과 세계의 평화까지 이어지는 것입니다.

1 마음의 존재

마음이 존재하느냐, 않느냐 하는 문제는 신이 존재하느냐, 않느냐 하는 문제와 비슷합니다. 마음의 중요성을 인정하기에 마음의 영역을 연구하는 과학의 영역인 '심리학'까지 있지만, 정작 마음은 볼 수

가 없습니다. 마음을 해부하여 쪼개어 보일수도 만질 수도 무게를 달 수도 없습니다. 마음의 위치를 이야기하는 것은 불가능해 보입니다.

하지만 마음은 각 사람의 생각과 인격과 삶을 좌우하는 경이로운 능력과 신비로운 활동을 합니다. 우리의 마음은 한마디로 표현하면 참으로 '신묘막측'합니다. "나의 지으심이 심히 기묘하심이라"(시 139:14).

마음은 사람의 지성, 감성, 의지, 인식, 해석, 생각, 기억, 결정, 생활양식, 행동결정 등을 포함한 우리의 정신 활동의 총체를 상징하고 총괄하는 존재입니다.

생각과 마음

성경에는 '생각' 과 '마음'에 대한 언급이 많이 나옵니다. 생각과 마음이 영적인 생활과 밀접한 관계가 있기 때문입니다. "내 말을 네 마음에 두라. 내 명령을 지키라 그리하면 살리라"(잠 4:4). "모든 지킬만한 것 중에 더욱 네 마음을 지키라. 생명의 근원이 이에서 남이니라"(잠 4:23). 생각은 행동의 씨앗이요, 마음은 밭입니다. 좋은 씨앗을 좋은 밭에 뿌리면 좋은 열매를 거두듯이, 좋은 생각을 좋은 마음에 뿌리면 좋은 삶을 거둡니다.

생각과 마음이 서로 뗄 수 없는 관계이듯이 마음과 영성생활 또한 서로 분리할 수 없는 관계입니다. 생각과 마음이 없으면 인격과 영혼도 없습니다. 우리의 '생각과 마음'은 곧 하나님의 형상이 반영된 곳입니다. 사실 언어와 행동도 생각과 사고에 옷을 입힌 것입니다.

마음 가꾸기

정원과 마음과 가정, 이 세 가지는 날마다 가꾸어야 합니다. 그렇지 않으면 잡초가 일어나서 볼품없이 망가지고 맙니다. 정원을 가꾸듯이 자신의 마음을 날마다 정성껏 가꾸어 보십시오. 새로워지려면 먼저 묵은 생각이나 낡은 틀에서 과감하게 박차고 나와, 끊임없이 자신을 살피고 가꾸어야 합니다. "사람의 마음은 정원에 비할 수 있습니다. 제대로 경작할 수도 있고 멋대로 버려 둘 수도 있습니다. 그러나 경작하든 버려두든 반드시 뭔가가 자라게 되어 있고 실제 그렇게 됩니다"(제임스 앨런). 크리스천은 날마다 새롭게 태어나는 존재입니다.

Q 당신은 마음의 존재를 인식하며 날마다 마음을 가꾸고 있습니까?

2 하나님의 말씀 + 순종 = 마음의 평화

마음의 평화가 일어나는 영적 공식이 하나 있습니다. 이 공식은 간단합니다. 하나님의 말씀에 전적으로 순종하면 마음의 평화가 일어난다는 것입니다. 이 공식을 그대로 실천한다면 우리 마음속에 주님의 평화가 자연스럽게 깃들어 마음이 평화로워지고 즐거워집니다.

마음의 평화를 깨는 중요한 원인 가운데는 불순종과 분노가 있습니다. 그러므로 마음의 평화를 위해서는 하나님의 말씀에 전적으로 순종하는 것과 함께 삶의 순간순간 일어나는 분노를 다스리는 법을 터득해야 합니다. 사실 분노 그 자체도 "노하지 말라"(마 5:22 참조)는 하나님의 말씀에 대한 불순종입니다. "순종하리라! 소명을 찾으리라! 인생을 거기 바치리라!"

마음의 평화를 깨뜨리는 분노 다스리기

분노는 자신의 영혼을 병들게 할뿐더러 영성생활에도 큰 장애를 줍니다. 분노는 우리 마음의 상처와 찌꺼기를 일어나게 해 마음의 평화를 깨뜨립니다. 우리가 분노에 빠져 마음의 평화를 잃을 때 우리는 하나님께 집중하지 않고 오로지 나의 부정적인 감정과 상대의 잘못에 집중합니다.

따라서 분노가 일어났을 때 자신의 감정에 몰입하기보다 하나님을 생각해야 합니다. 하나님 앞에서 비추어 볼 때 분노에 사로잡힌 우리 모습은 하나님의 자녀로서의 존귀한 자기인식을 잃어버린 불순종입니다. 또한 "이웃을 내 몸 같이 사랑하라"는 주님의 말씀에도 순종하지 않는 것입니다.

영성생활은 마음이 평안한 삶입니다

영성훈련에 있어서 전통적으로 가장 본질적인 훈련 중의 하나가 마음의 평화입니다. 사람의 마음이란 그 어디에도 얽매임 없이 하나님에게 집중하고 몰입할 때 저절로 맑아지고 투명해지고, 더 나아가 평온해지는 법입니다. 우리에게 있어 진정한 힘은 마음의 평화 속에 있고, 하나님께 마음을 집중하면 매순간 마음의 평화를 이룰 수가 있습니다.

Q 당신은 하나님의 말씀에 순종하며 마음의 평화를 누리고 있습니까?

3 마음의 평화를 깨는 염려와 불안

인간은 염려에서 벗어나 살 수 있을까요? 현실에 매여 하루하루를 살아가야 하는 인간이 걱정과 염려에서 벗어나기란 여간 어려운 일이 아닙니다. 사람은 작게는 오늘 할 일부터 나아가서는 자신의 미래 그리고 보다 궁극적으로는 자신의 존재가 어디로 가고 있는 지에 대한 원초적인 염려와 불안을 안고 살아갑니다. 그러므로 주님은 말씀하셨습니다. "수고하고 무거운 짐 진 자들아 다 내게로 오라 내가 너희를 쉬게 하리라"(마 11:28).

우리 마음의 평화를 깨는 가장 중요한 원인 중 하나가 바로 염려입니다. 현실의 삶에 대한 염려는 마음의 불안을 일으키고 이 일은 곧 우리 영혼을 병들게 합니다. 어떻게 보면 우리 영성생활은 이러한 염려와 불안을 어떻게 슬기롭게 극복하느냐가 관건입니다.

"그러므로 내가 너희에게 이르노니 목숨을 위하여 무엇을 먹을까 무엇을 마실까 몸을 위하여 무엇을 입을까 염려하지 말라 목숨이 음식보다 중하지 아니하며 몸이 의복보다 중하지 아니하냐 공중의 새를 보라 심지도 않고 거두지도 않고 창고에 모아들이지도 아니하되 너희 하늘 아버지께서 기르시나니 너희는 이것들보다 귀하지 아니하냐"(마 6:25-26).

행복의 원천: 열린 마음과 마음의 평화

주변의 환경에 휩쓸려 마음이 산만해지지 않도록 하십시오. 이 시간 마음을 하나님께 집중하며 하나님의 임재를 느껴봅시다. 주님의 평화가 우리의 마음에 깃듭니다. 그러면 마음이 고요해지고 여유로워지고 즐거워지고 행복해집니다.

마음의 평화는 행복의 원천입니다. 그리고 세상을 이기고 하나님의 사랑을 실천할 수 있는 힘입니다. 즉 내 안에 마음의 평화가 있어야 주변의 사람을 사랑하고 돌보며 섬길 수 있는 것입니다. 마음의 평화를 유지하기 위해서는 우리의 마음이 늘 열려 있어야 합니다. 당신의 마음은 늘 열려 있습니까? 마음은 낙화산과 같아서 활짝 열려야만 쓸모가 있는 것입니다.

날마다 변화하는 현대를 살아갈 때 열린 마음은 필수입니다. 독선과 아집을 가지고는 현대를 살아갈 수가 없습니다. 이 시간 자신의 마음의 건강상태를 진단하는 시간을 가져봅시다. 당신의 마음은 열려있는 건강한 마음입니까?

샬롬 전도법 (3단계, 5분)

오늘날 많은 사람들이 마음의 평화를 잃고 하루하루를 힘들게 살고 있습니다. 심지어 우울증과 조울증 등, 각종 마음의 질병에 시달리고 있습니다. 이 마음의 질병은 육체의 질병으로 이어집니다. "병을 치료하려면 먼저 그 마음을 다스려야 합니다"(동의보감).

우리 주위 사람들은 어떻습니까? 우리의 예비신자들의 마음은 안녕하십니까?

예비신자들을 만나 '마음의 평화'를 주제로 대화하며 전도할 수 있는 길을 모색합시다. 다음의 ＜샬롬 전도법＞을 익혀 예비신자들과 '마음의 평화를 얻는 길'을 주제로 대화하며 전도합시다.

1. 원래 인간은 평화로운 마음의 상태로 창조되었습니다.

원래 하나님은 인간을 평화롭고 행복한 존재로 만드셨습니다(창 1:27 참조). 그래서 우리 마음은 늘 평화로운 상태로 놓여져 있었습니다.

2. 그런데 왜 우리 마음에는 염려와 불안에 있을까요?

우리 인간의 염려와 불안은 어디에서부터 비롯되었을까요? 이는 마음의 주인이신 하나님을 떠나 살고 있기 때문입니다. 어린 아이가 엄마를 떠나 있으면 불안 하듯이 우리 인간의 원초적인 불안은 하나님을 떠나 있기 때문에 비롯되었습니다.

혹시 나는 하나님을 떠나 고삐 풀린 송아지처럼 마구 살고 있지는 않습니까? 줄 끊어진 연처럼 중심이 없는 불안한 삶을 살고 있지는 않습니까?

3. 그러면 마음의 평안은 어디에서 올까요?

마음의 주인이신 하나님께 나아가 하나님 안에 머물려야 합니다. 하나님과 교제하며 하나님과 친밀한 삶을 누려야 합니다. 그럴 때에 비로소 우리는 하나님께서 주시는 참 평안을 맛볼 수가 있습니다. "평안을 너희에게 끼치노니 곧 나의 평안을 너희에게 주노라 내가 너희에게 주는 것은 세상이 주는 것과 같지 아니하니라 너희는 마음에 근심하지도 말고 두려워하지도 말라"(요 14:27)

이제 주님께서 당신을 초청하십니다.

"수고하고 무거운 짐 진자들아 다 내게로 오라 내가 너희를 쉬게 하리라"(마 11:24).

주님의 초청에 응하셔서 하나님 안에서 온갖 염려와 불안에서 벗어나 마음의 평안을 누리십시오. 마음을 주인이신 하나님께 가까이 나아오면 마음이 평안합니다. 예수 믿으면 마음이 평안합니다.

Q 샬롬 전도법(3단계)을 익혀서 예비신자들과 '마음의 평화'를 주제로 대화하며 전도합시다.

11코스

그러면 우리는 어떻게 살 것인가?

1) 실천해야 할 삶 (나)

현재 당신의 마음은 어떻습니까? 평화로운 마음입니까? 하나님의 말씀에 전적으로 순종함으로 마음의 평화를 회복합시다.

2)나누어야 할 사역 (교회 공동체)

서로의 마음의 상태를 나누며 마음의 평화를 얻기 위한 길을 모색합시다.

3) 나누고 섬겨야 할 과제 (예비신자 오이코스)

주위 예비신자들과 '마음의 평화를 얻는 길"을 주제로 대화하며 <샬롬 전도법>을 활용해서 전도합시다.

12코스 마음 지키기

성경본문
모든 지킬 만한 것 중에 더욱 네 마음을 지키라 생명의 근원이 이에서 남이니라 잠 4:23

마음은 정원과 같아서 날마다 관리하고 가꾸어야 합니다. 그렇지 않으면 금방 잡초가 나고 문제가 발생합니다. "영적으로 우리의 마음은 가장 취약한 기관입니다. 시험을 덜 받기 위해서 우리는 마음에 하나님의 말씀과 다른 좋은 생각들을 가득 채워야 합니다. 좋은 생각을 함으로 나쁜 생각들을 누릅니다. 이것이 대체의 원칙입니다"(릭 워렌). 마음에 선을 가득 채움으로 아예 악이 삐집고 들어올 틈새마저 없애는 것입니다(롬 12:21 참조).

마음에 가득한 것은 입으로 나오기 마련인데, 이것이 말입니다. 말은 마음의 중심에서 나옵니다. 마음의 중심이 경건해야 경건한 말이 나옵니다.

1 모든 일은 마음에서 발생합니다

모든 감정이나 행동은 마음에서 발생합니다. 그러므로 우리가 우선적으로 다스려야 하는 것이 마음입니다.

우리의 마음이 사랑으로 가득 차 있다면 그 사랑은 밖으로 드러나게 되어 있습니다. 만약 미움이 가득 차 있다면 미움이 밖으로 드러나기 마련입니다. 마음의 실상은 반드시 드러나게 되어 있습니다. 심은 대로 거두는 법입니다(갈 6:8).

현대인들은 건강을 위해 각종 건강식품과 영양제를 듬뿍 먹습니다.

특히 우리 한국인들은 더욱 그러합니다. 하지만 문제는 마음입니다. 마음을 가꾸고 지켜야 합니다. 마음의 평화는 마음과 몸을 위한 건강식품이요, 비타민입니다.

성경은 지켜야 할 것이 우선적으로 자신의 마음(잠 4:23)이라고 하였는데, 이는 인간이 어떤 존재인지를 잘 보여줍니다. 인간은 기본적으로 생각하고 느끼며 그것을 해석하며 받아들이는 존재이기에 외부적인 환경보다 자기가 어떻게 받아들이느냐가 어떤 것 보다 선행한다. 그러므로 외부 환경에 신경 쓰기보다는 '마음지킴'을 우선으로 해야 합니다. 마음을 지켜 마음의 평화를 이루어야 합니다. 마음의 평화는 가정과 직장과 사회와 더 나아가 세계 평화에까지 나아가는 첫걸음입니다. 나의 모든 것이 나 자신의 마음에서부터 비롯되기 때문입니다.

깨어있는 마음

마음은 파수꾼과 같이 반드시 깨어있어야만 하는 것입니다. 깨어있는 마음은 하나님을 찾는 마음입니다. 하나님을 갈망하는 마음입니다. "하나님이여 사슴이 시냇물을 찾기에 갈급함 같이 내 영혼이 주를 찾기에 갈급하니이다. 내 영혼이 하나님 곧 살아 계시는 하나님을 갈망하나니..."(시 42:1-2).

Q 당신은 정원과 같이 날마다 마음을 가꾸고 있습니까?

2 상처와 치유

현대인은 날마다 상처를 입고 살아가는 상한 갈대입니다. 우리 모두는 상처난 감정들을 가지고 매일 살아가고 있습니다. 그렇게 살다 보면 분노와 죄의식, 관계단절과 소외감, 비교의식과 열등감, 격심한

스트레스와 정서불안, 우울증과 조울증 등, 각종 정신 장애와 질환
에 시달리게 마련입니다.

치유의 첫걸음

치유의 시작은 나 자신을 아는 것입니다. 나 자신에 대한 진실을 아
는 것입니다. 그러면 나 자신을 어떻게 알게 됩니까? 나 자신의 진실
은 하나님을 만남으로 알게 되는 것입니다.

치유의 영성은 성경에서 우리를 치유하시는 하나님을 만남으로 시
작되고, 또 그분께서 우리를 치유하시면서 우리의 영성이 회복되고
믿음이 자랍니다. 우리는 하나님의 말씀을 통해 나 자신의 나약하고
완악한 모습을 바라보게 됩니다. 하나님을 만날 때 객관적으로 자기
를 볼 수 있는 눈이 생깁니다.

친밀한 관계는 치유의 힘

서로에게 문제가 발생하여 상처를 입었을 때, 해결의 실마리를 문제
에 두지 마십시오. 관계에 초점을 맞추고 만나서 대화하십시오. 그러
한 가운데 상처가 치유되고 기쁨이 회복되고 마음의 평화가 깃드는
것을 체험하십시오.

치유는 친밀한 사랑에서 일어납니다. 친밀한 사랑은 깊은 관심이
고, 깊은 관심은 적극적인 경청입니다. 적극적인 경청이란 상대의 입
장으로 완전히 들어가 전적으로 공감하는 것입니다. 다시 이야기하
지만 치유는 상대에게 깊은 관심을 보여주는 것만으로도 일어날 수
있는 것입니다. 그러므로 깊은 관심은 치유의 힘입니다.

"모든 사람은 자신을 표현해야 합니다. 그러한 기회를 갖지 못할 경
우, 그 사람은 병이 날 수도 있습니다. 모든 심리치료의 핵심에는 모
든 것을 허심탄회하게 털어놓을 수 있는 친화 관계가 있습니다"(폴 투
르니에).

우리는 서로의 삶을 나누며 서로에게 관심을 기울일 때, 삶의 열

정이 일어나고 새로운 활기가 샘솟으며 관계가 회복되는 것을 느낍니다. 상대에게 관심을 가지고 적극적으로 경청합시다. 그럴 때에 성령께서는 상대의 필요를 볼 수 있는 영적 눈을 열어 주십니다(고전 2:10-12 참조).

성경과 치유

오늘날 정신과 의사, 심리학자, 상담자 등, 치유 전문가들은 성경을 공부하며 인간의 마음과 심리를 연구하고 있습니다. 많은 문제가 마음과 심리에서부터 비롯되기 때문입니다. 사람의 마음과 심리 연구에 있어서는 성경보다 더 좋은 교과서는 없습니다. 성경의 저자이신 하나님이 사람의 마음을 만들었기 때문입니다.

사실 성경은 수천 년 동안 사람들을 치유하고 변화시켜 왔습니다. 사람들의 영적 정신저 문제들을 해결해 주었습니다. 갈 융, 에리히 프롬, 아브라함 매슬로우, 빅터 프랑클 등, 저명한 심리학자들도 그들의 심리치유이론을 성경에서 얻어 사람들을 치유하였습니다. 성경은 우리를 영육 간에 건강한 삶으로 안내하는 훌륭한 치유서입니다. 예수님은 훌륭한 상담자요 치유자이셨습니다.

예수님은 세상의 모든 죄와 상처를 다 담당하시고 십자가 위에서 돌아가셨습니다. 예수님의 죽음은 구속(救贖)적인 죽음입니다. 그러므로 우리는 우리의 아픔과 고통을 예수님의 피 흘린 손 위에 두고 그분을 바라보며 그 분의 은혜와 치유하심을 갈망해야 합니다.

주님께 눈을 돌려 그분의 온유하신 얼굴을 바라보세
그러면 신비하게도 세상의 온갖 염려와 고통이
그분의 영광과 은혜의 빛 안에서 점차 사라지네.

Q 치유는 언제, 어떻게 일어납니까?

3 현대인의 마음감기, 우울증

세계보건기구(WHO)가 꼽은 현대인을 괴롭히는 세계 3대 질환 중에 하나가 우울증입니다. 오늘날 우울증은 감기증세와 같이 매우 흔하기 때문에 마음의 감기라고도 합니다.

우울증이란 무엇입니까?

우울증은 우울함과 슬픔의 감정입니다. 과도한 슬픔의 상태에서 감정처리가 되지 않아 자기 통제를 벗어났을 때 우울증이 일어납니다.

그러면 우울증을 어떻게 치료할 것입니까? 먼저 자기에게 우울증이 있는지 자가진단부터 해봅시다. 아래 현상들 가운데 3가지 이상이 2-3주 지속되고 있으면 우울병 증세입니다.

● 우울증 자가 진단법

1) 아침에 일어나면 우울한 느낌이 있다.
2) 모든 일에 흥미가 없으며 일처리 속도가 느리다.
3) 질문이 들어오면 답변하기가 싫다.
4) 가슴이 답답하고 늘 불안하다.
5) 상실감과 분노의 감정이 있다.
6) 자살하고 싶은 충돌이 있다.

우울증은 연령, 성, 종교, 직업에 관계없이 나타납니다. 우울증은 때로는 예고 없이 갑작스럽게, 어떤 사람에게는 점진적으로 나타납니다. 우울증은 어려운 환경, 탈진, 죄의식, 인간관계, 질병, 정서불안, 신체의 화학적 작용, 호르몬 분비, 감정의 패턴 등, 심히 복잡하고 다양한 상황에서 비롯됩니다.

우울증 치유의 길

감기가 누구에게나 오는 것처럼 우울증도 신자와 비신자를 가리지 않고 누구에게나 오는 것입니다. 그러므로 항상 대비하고 그 치유책을 마련해야 합니다.

1) 먼저 자신이 우울증에 걸렸다는 사실을 인정해야 합니다.
2) 홀로 있지 맙시다.
3) 다른 사람에게 도움을 구하십시오.
4) 하나님의 말씀을 묵상하며 즐거운 소리를 발하십시오.
5) 하나님의 도우심을 바라보며 하나님의 품에서 휴식을 취하십시오.

Q 우울증을 치유한 사례에 대해 서로 이야기를 나누십시오.

4 상처입은 치유자

"그가 찔림은 우리의 허물 때문이요 그가 상함은 우리의 죄악 때문이라 그가 징계를 받음으로 우리는 평화를 누리고 그가 채찍에 맞음으로 우리가 나음을 입었도다"(사 53:5).

상처입은 치유자, 주님의 모습이 이사야서 53장에 잘 나타나 있습니다. 주님은 고난을 많이 당하셨습니다. 고통이 무엇인지를 아는 분이십니다. 우리가 느끼는 어떠한 감정이든 이미 다 경험하셨습니다. 그렇기 때문에 우리가 비통할 때 주님은 우리와 함께 그 아픔을 공감하실 수 있는 자이십니다. 멸시, 소외, 거절당함, 육체적 고통, 배신, 가난, 우울증, 두려움, 불안, 공포, 죽음 등이 무엇이고, 그 때 어떤 고통이 오는지 아시는 분이십니다(마 26:37-38; 27:46).

상처입은 치유자는 "자기 자신의 상처를 돌보아야 하는 동시에 다른 사람들의 상처를 돌보아야만 하는 치유자입니다"(나우웬). 우리 크리스천은 상처입은 자임과 동시에 상처를 치유하는 사역자입니다. 우리는 자신의 상처가 우리의 치유력의 주요 원천임을 알아야 합니다. 그러므로 우리는 상처를 제거하는 것이 아니라, 상처를 귀중한 선물로 간직하고 소중하게 받아들여야 합니다.

한편 상처입은 치유자는 치유의 마지막 과정입니다. 주님은 자신이 입은 상처를 통해 오히려 상처입은 치유자가 되셨습니다. 주님은 주님께서 섬기셨듯이 우리도 그렇게 섬기기를 원하십니다. 치유를 경험한 치유자로 거듭나게 하는 것입니다. 주님은 우리의 상처를 치유하실 뿐만 아니라, 우리를 다른 사람의 상처를 치유하는 사역자로 재생시키는 것입니다. 내 영혼도 상처투성이지만 나보다 더 어려운 영혼들을 돌보고 섬기기를 원하는 것입니다.

상처받은 진주조개는 극심한 고통 속에서 분비 작용을 하여 진주를 만듭니다. 마찬가지로 우리도 극심한 상처와 고통 속에서 진주와 같은 값진 존재가 되는 것입니다. 그럴 때 우리는 비로소 주위 연약한 영혼들의 상처를 돌보고 치유하는 보배로운 존재가 되는 것입니다.

Q 당신은 주님처럼 상처입은 치유자로 사람들을 보살피고 있습니까?

그러면 우리는 어떻게 살 것인가?

1) 실천해야 할 삶 (나)

당신이 입은 상처는 무엇입니까? 그 상처를 어떻게 치유할 것입니까? 영성생활을 통해서 먼저 우리의 상처를 치유합시다.

2) 나누어야 할 사역 (교회 공동체)

당신의 상처와 아픔을 주위 교인들과 나누며 치유를 위한 도움을 요청합시다. 더 나아가 상처입은 치유자로 주위 교인들의 상처와 아픔을 돌보고 섬깁시다.

3) 나누고 섬겨야 할 과제 (예비신자 오이코스)

주위 예비신자들을 만나 그들의 상처와 아픔이 무엇인지 파악하고, 치유의 길을 함께 모색하고 기도합시다.

13코스 몸의 활기 (活氣)

내 이름을 경외하는 너희에게는 공의로운 해가 떠올라서 치료하는 광선을 비추리니 너희가 나가서 외양간에서 나온 송아지 같이 뛰리라 말 4:2

영성은 흔히 사람의 영혼과 마음, 즉 내면에만 관련된 것이라고 생각합니다. 하지만 그렇지 않습니다. 기독교 영성은 신체적인 몸을 제외하지 않습니다. 영성은 우리의 외면, 즉 몸과도 관련된 것입니다. 몸을 영성생활에서 분리시키려는 성향의 바탕은 성과 속을 구분하려는 이원론적인 사고입니다.

몸도 하나님이 주신 소중한 존재라는 사실을 잊어서는 안됩니다. 성경은 몸을 '성령의 전'(고전 6:19)이라고 하였습니다. 이처럼 몸은 심오하고 존귀란 실체요, 축복받은 존재인 것입니다.

1 몸의 영성적 이해

"너희 몸은 너희가 하나님께로부터 받은 바 너희 가운데 계신 성령의 전인 줄을 알지 못하느냐 너희는 너희 자신의 것이 아니라 값으로 산 것이 되었으니 그런즉 너희 몸으로 하나님께 영광을 돌리라"(고전 6:19-20).

인간은 심신 상관적 존재입니다. 사람이 몸 따로 마음 따로 존재 할 수는 없음은 경험상 우리는 잘 알고 있습니다. 몸은 하나님이 계신 성령의 전이라는 사실도 익히 알고 있습니다.

성경은 우리의 육체를 하나님께서 직접 거하시는 전으로 간주되었던 예루살렘 성전의 성소에 비유하고 있습니다. 전지전능하신 창조주 하나님께서 말 그대로 흙먼지에 지나지 않는 몸뚱이 안에 거하신다는 사실은 정말 놀라운 일이 아닐 수 없습니다.

성경에 나오는 모든 영적인 것은 늘 물질적인 것과 결부되어 있습니다. 창조, 계시, 성육신, 성찬, 각종 이적과 표적 등, 모든 영적인 일들이 물질세계 속에서 일어났던 것입니다.

몸의 신비

"이 세상에는 신비한 것들이 무수히 많이 존재합니다. 하지만 인간의 몸만큼 신비한 것은 아무 것도 없을 것입니다"(소포클레스).

그리이스 철학자 소포클레스의 말처럼 인간의 몸은 신비 중의 신비입니다. 정말 인간의 몸은 우리가 생각하는 것보다 훨씬 더 오묘하고 신비롭습니다. 이는 과거부터 지금까지 과학적 발견들을 통해 증명되고 있습니다. 그러한 면을 두고 볼 때 인간의 몸은 위대합니다.

사도 바울과 어거스틴 등, 기독교의 기초를 놓은 위대한 하나님의 사람들은 인간의 몸을 '측량할 수 없는 신비'라고 표현하였으며, 그 신비를 이해하려고 무척 애를 썼습니다. 특히 부활 후 '영적 몸'의 신비를 풀기 위해 노력하였던 것입니다.

나의 몸은 내 영혼의 집이다

인간의 몸과 영혼은 서로 분리할 수 없는 불가분의 관계에 놓여 있습니다. 어느 하나라도 없으면 더 이상 온전한 인간이 아닙니다. "인간은 영혼을 가진 몸이요, 몸을 가진 영혼입니다"(칼 바르트).

몸과 영혼의 적절한 관계에 대한 이해가 부족할 때, 신앙이 극단적인 금욕주의나 또는 극단적인 쾌락주의로 흐를 가능성이 높습니다. 구원은 영혼이 받는 것이니 육신을 거추장스럽다고 생각하면, 몸을 경솔하게 취급하기 마련인 것입니다.

몸의 영원성과 소중성

전통적 기독교 영성은 타종교와는 달리 몸을 거부하기는커녕, 오히려 신성하게 여기며, 게다가 영원성까지 부여합니다. 그 이유는 몸의 창조성, 몸의 성육신, 몸의 부활성 때문입니다.

연주가가 악기를 소중하게 다루어야 하는 것처럼 우리는 몸을 소중히 다루고 보살펴야 합니다. 제사장이 성전을 관리하듯 성심성의를 다해야 합니다. 우리의 몸은 단순히 어떤 일을 하기 위한 도구가 아니라, 우리 몸 자체가 하나님의 소중한 성령의 전인 것을 잊지 말아야 합니다.

Q 지금 당신은 '성전관리' 차원에서 몸을 관리하고 있습니까?

2 식탁의 영성

"그런즉 너희가 먹든지 마시든지 무엇을 하든지 다 하나님의 영광을 위하여 하라"(고전 10:31).

우리 크리스천은 먹고 마시는 일도 하나님을 영광을 위해서 해야 합니다. 올바른 식생활 습관을 가집시다. 식사도 단순히 배고픔을 면하기 위한 식사가 아닌 하나님의 영광을 위해 몸을 관리하기 위한 성경적인 식사를 합시다. 더 나아가 몸의 활기를 유지하고 각종 질병들을 이기고 면역체계를 높이기 위한 건강식 식사를 합시다.

식습관 점검하기

우리 크리스천은 성경의 가르침대로 살아가야 합니다. 식습관도 성경대로 먹고 마셔야 합니다. 그렇다면 당신의 식습관은 어떻습니까? 식습관을 점검하는 시간을 가져봅시다. "네가 만일 음식을 탐하는 자이거든 네 목에 칼을 둘 것이니라"(잠 23:2).

식사하는 목적이 무엇입니까? 혹시 우리는 식사하는 목적을 잊은 채 그냥 음식을 급히 먹어치우고 있지는 않습니까?

식사시간

식사시간에는 모든 일을 내려놓고 식사에만 집중하도록 합시다. 마음을 하나님께 집중하며 하나님의 임재 가운데 평화로운 마음으로 식사하십시오. 당신이 만약 염려와 불안에 휩싸여 있다면 음식의 맛을 즐기지 못할 것입니다. 하지만 당신이 현재 염려가 없고 마음이 평안하다면 식사를 아주 즐겁게 할 수 있을 것입니다.

1) 검소한 식탁을 준비한다.
2) 식구들이 모여 함께 식사한다.
3) 식사 시작하기 전에 감사기도를 드린다.
4) 식사 중에 대화할 때는 서로 격려와 칭찬만 한다.

하나님의 자연원리에 따른 시생활 습관

"하나님이 이르시되 내가 온 지면의 씨 맺는 모든 채소와 씨가진 열매 맺는 모든 나무를 너희에게 주노니 너희의 먹을 거리가 되리라"(창 1:29).

성경은 육식을 금하지는 않지만, 육식보다는 채식을 적극 권장하는 것입니다. 시편에서 다윗은 채소를 주신 하나님을 이렇게 찬양하고 있습니다. "땅이 그의 소산을 내어 주었으니 하나님 곧 우리 하나님이 우리에게 복을 주시리로다"(시 67:6).

자연식을 즐겨라

자연식이란 가공하지 하지 않은, 자연 그대로의 식물을 위주로 한 식사를 가리킵니다. 자연식품을 섭취하면 인체의 항상성과 자연 치유력이 높아져 몸의 활기가 일어나고 질병이 예방됩니다.

자연식은 살아있는 음식입니다. 살아있는 음식은 과일, 채소, 곡물류를 가리킵니다. 방부제와 첨가물이 들어 있지 않는 신선한 자연식 음식을 편안한 분위기에서 즐기며 식사하십시오.

1) 규칙적으로 식사하라.
2) 소식(小食)을 하라.
3) 여유를 두고 즐겁게 식사하라.
4) 저당질, 고단백질 식사를 하라.
5) 면역체계를 높이는 자연식 식사를 하라.

Q 당신의 식습관은 성경적이라고 생각하십니까?

3 건강관리: 운동과 휴식

"건강을 잃으면 모든 것을 잃은 것과 같다"란 말이 있습니다. 그만큼 건강이 중요하다는 말입니다. 건강은 건강할 때 지키는 게 최선책입니다.
우리 크리스천은 성전관리 차원에서 몸을 관리하여 하나님께서 기뻐하시는 일을 위해 영광스럽게 쓰임을 받도록 해야 합니다. "너희 온 몸을 하나님의 영광에 합당한 것을 하는데 사용하라"(롬 6:13 참조).

운동 / 몸을 많이 움직여라!
한국인의 5대 질병인 암, 고혈압, 심장병, 당뇨병, 뇌졸중의 공통점은 모두 운동 부족에서 발생한다는 것입니다. 운동은 우선 걷기부터 시작합시다. 억지로 의무적으로 걷지 말고 가벼운 산책을 하듯이 즐겁게 걸읍시다. 그래야 걷는 습관이 오래갑니다.
걷기는 몸과 마음의 건강, 모두를 챙길 수 있는 건강요법이고, 오늘날 현대인의 질병인 우울증과 비만증 등을 치유하는 효과도 있습니다.

생활습관병 (풍요의 병)
오늘날 성인병의 이름은 다양하여, 생활습관병, 현대병, 문화병, 성격병, 식생활병, 인조병, 자업자득병 등으로 불립니다. 이와 같은 다양한 이름들을 살펴보면 그 병의 발병원인과 성격 등을 알 수 있습니다.

건강의 결정적인 요인은 생활습관입니다. 당신의 생활습관을 점검하십시오. 생활습관이 병을 부릅니다.

1) 당신은 올바른 식습관을 가지고 있는가?
2) 스트레스는 적절히 해소하고 있는가?
3) 운동은 규칙적으로 하고 있는가?
4) 적절한 휴식과 수면은 취하고 있는가?

하나님께서 정한 일과 휴식(쉼)의 리듬에 충실하여 몸의 활기를 유지하라

현대인은 지쳐있습니다. 휴식이 필요합니다. 신체적, 정신적 휴식도 필요하지만 영적 휴식도 필요합니다. 전인적(全人的) 휴식이 필요한 것입니다. 서두르지 말고 한 박지 늦추어 여유를 두고 살 필요가 있습니다. "서두르는 사람은 결코 회복을 위해 보낼 시간의 여유가 없습니다. 그들에게는, 문제를 균형 있게 바라볼 수 있도록 묵상하고 기도할 마음의 여유가 없습니다. 간단히 말해서, 우리 세대의 사람들은 우리 몸이 감당할 수 있는 것보다 훨씬 더 빠른 속도로 살아가기 때문에 심리적 분열의 징후를 보입니다"(하트).

하나님께서는 쉼을 위해 밤과 휴일을 준비하셨다

모든 생명체는 쉼이 필요합니다. 그래서 하나님께서는 세상을 지으실 때 일하기 좋은 낮과 쉬기에 적합한 어두운 밤을 함께 창조하셨던 것입니다. "저녁이 되며 아침이 되니"(창 1:31). 그러므로 저녁이 되어 어두워지면 쉬는 것이 좋고, 아침이 되어 밝아지면 일하는 것이 좋습니다. 이것이 창조의 섭리 가운데 보여주시는 하나님의 뜻입니다.

더 나아가 하나님께서는 엿새 동안은 열심히 일하고 하루는 온전히 쉬게 하셨습니다. 따라서 엿새 동안은 일하되 반드시 하루는 충분히 쉬어야 합니다. 휴식 없이 일을 하여 몸이 탈진하면 일의 즐거움이 없어지고, 더 나아가 건강을 일게 되는 것입니다.

Q 당신은 하나님께서 정하신 리듬에 따라 충분한 휴식을 취하고
있습니까?

4 '치유의 영성'총정리:
뷰티플 에이징 지수(아름답게 나이드는 지수) **진단표**

아래의 뷰티플 지수를 통해 당신의 뷰티플 에이징 과정을 점검합시
다. 나이가 들수록 더 건강해지고 아름다워지기를 바랍니다.

각 질문을 현재 실천하고 있다면 (　　)에 O표를 해서 총점을 계산하십시
오. 맨 아래의 참고사항에서 자신에게 해당하는 도움말을 참고하십시오.

1. (　　　) 주일예배를 매주일 드리며 신앙생활을 한다.
2. (　　　) 밝고 긍정적이고 낙천주의자다.
3. (　　　) 일찍 기상해서 즐겁게 하루 일정을 시작한다.
4. (　　　) 가족을 비롯한 모든 인간관계가 원만하다.
5. (　　　) 자신을 돌아보는 조용한 시간을 갖는다.
6. (　　　) 함께 어울리는 좋은 친구가 있다.
7. (　　　) 자주 큰소리로 마음껏 웃는다.
8. (　　　) 신간, 베스트셀러, 신앙잡지 등을 꼭 챙겨본다.
9. (　　　) 새로운 것이 대한 호기심이 많다.
10. (　　　) 정기적으로 참여하는 모임이 있다.
11. (　　　) 일 년에 한번 이상 건강진단을 받는다.
12. (　　　) 잠, 식사, 배변 등을 규칙적으로 한다.
13. (　　　) 매일 야채와 과일을 충분히 먹는다.
14. (　　　) 물은 하루에 8컵 이상 마신다.

15. (　　　) 매일 유산소 운동과 근력 운동을 한다.
16. (　　　) 외식 보다는 직접 식단을 만들어 식사한다.
17. (　　　) 흡연이나 지나친 카페인 섭취는 하지 않는다.
18. (　　　) 지방과 소금과 설탕 섭취를 적게 한다.
19. (　　　) 부족한 영양소는 영양제로 보충한다.
20. (　　　) 과식, 폭식, 야식을 하지 않는다.

<참고 사항>
16점 이상 : 현재 당신의 나이에서 충분히 건강과 아름다움을
　　　　　　　　발산하고 있습니다.
11-15점　 : 건강관리에 좀 더 분발하기를 바랍니다.
10점 이하 : 당신의 뷰티플 지수가 문제가 있습니다.
　　　　　　　건강관리에 주의를 요합니다.

13코스

그러면 우리는 어떻게 살 것인가?

1) 실천해야 할 삶 (나)

당신의 뷰티플 에이징 지수는 얼마입니까? 뷰티플 에이징 지수를 높일 방법을 찾아봅시다.

2) 나누어야 할 사역 (교회 공동체)

서로의 뷰티플 에이징 지수를 나누고, 그 지수를 높일 방법을 서로 나누십시오.

3) 나누고 섬겨야 할 과제 (예비신자 오이코스)

예비신자들과 식사나 산책, 또는 운동하는 시간을 마련합시다. 그러한 가운데 <건강관리와 영성생활>이란 주제로 대화를 나누십시오.

5단계 관계의 영성

관계는 기독교 영성생활의 중심입니다. 영성생활의 중심은 신비한 체험이나 종교적인 활동이 아니라 관계맺음입니다. 기독교의 건강한 영성은 하나님과 날마다 새로운 관계로 들어가는 것이며, 사람과의 친밀한 교제를 나누는 것입니다. 피상적인 관계맺음이 아니라 친밀한 관계맺음입니다.

우리는 나 자신과 하나님, 이웃과 세상, 그리고 자연과의 상호 관계성을 알아야 합니다. 영성생활은 이와 같은 상호관계성의 중요성을 일깨워 줍니다. 성삼위 하나님, 즉 성부, 성자, 성령이 더불어 서로 관계하는 모습을 여러 각도에서 그려 봅시다. 기독교 영성은 관계의 영성이고 공동체의 영성입니다.

5단계 관계의 영성

14코스 친밀성
15코스 관계성을 통한 치유와 전도
16코스 새들이 깃드는 좋은 나무의 영성

14코스 친밀성

성경본문

나는 포도나무요 너희는 가지라 그가 내 안에 내가 그 안에 거하면 사람이 열매를 많이 맺나니 나를 떠나서는 너희가 아무 것도 할 수 없음이라 요 15:5

혹자는 "기독교는 종교가 아니라 관계이다"라고 말합니다. 그만큼 기독교에서 관계가 중요하다는 이야기입니다. 삼위일체는 삼위 하나님은 언제나 친밀한 관계 속에서 서로 인격적으로 존재하시는 분이라는 사실을 보여줍니다. 그리고 우리에게도 그와 같은 친밀하고도 인격적인 관계를 맺기를 원하시는 것입니다.

기독교의 사랑은 관계의 덕목입니다. 예수님의 가르침 중에서 관계성이 차지하는 비중은 엄청납니다. 예수님의 산상수훈(마 5-7장)은 주로 관계성에 대한 가르침입니다. 십계명도 하나님 대 인간, 인간 대 인간, 관계성에 대한 것입니다. 기독교 영성은 늘 관계 속에서 꽃피는 영성입니다. 영성생활은 하나님과의 사랑의 관계를 가꾸어 나가는 친밀한 삶을 의미합니다(빌 3:10).

1 친밀한 관계의 중요성

당신은 창문 없는 세계에 살고 있지는 않습니까? 우리 세대는 무관심, 무감각, 무책임의 세대가 되어가고 있습니다. 이 3무 시대에 현대인들의 가슴은 아스팔트로 포장되어집니다. 개인은 날로 비인격화되고 있습니다.

탁월한 관계 전문가가 되어보십시오. 파손된 관계가 있다면 관계회복을 사모하며 기도합시다. 인간관계의 실패원인은 자기가 원하는 대로 인간관계를 맺으려고 하기 때문입니다. 인간관계의 황금률을 보십시오. "그러므로 무엇이든지 남에게 대접을 받고자 하는 대로 너희도 남을 대접하라 이것이 율법이요 선지자니라"(마 7:12). 우리는 상대방이 원하는 대로 관계를 맺어나가야 합니다. 그러면 성공합니다.

신비감보다 친밀감이 더 생명력이 있습니다. 신비감은 일시적인 눈길은 끌지만 사람들의 마음을 오래 붙잡아 두지는 못합니다. 허물을 감싸 안는 친밀감과 포용력으로 사람을 따스하게 끌어안아야 합니다.

더불어 살아가는 '관계' 묵상

인간(人間)이란 단어에는 '사이 간'(間)자가 붙어 있습니다. 인간이란 말에는 관계성이 내포되어 있습니다. 인간은 관계 안에서 상호 존재하고, 그리고 본질적으로 관계 맺는 존재입니다. "영혼은 관계가 메아리치고 있는 말입니다"(유진 피터슨). 인간은 본능적으로 하나님과의 관계, 인간 사이의 관계, 자연과의 관계들 속에서 삶을 추구합니다.

"인생의 모든 자연스런 관계, 즉 가족, 급우, 직장 동료, 이웃은 물론 정치, 예술, 지식 분야에 있는 이들과의 관계까지, 모든 관계를 올바르게 맺는다면 그 자체로 아주 선한 것입니다. 이런 관계를 떠난 영성은 있을 수 없습니다. 우리는 이런 관계들 안에서 영성을 구해야 합니다"(윌라드).

신앙이 좋다는 것은 관계가 좋다는 것입니다

오늘날 많은 사람들이 종교와 영적인 일에 깊이 관여하면 할수록 관계는 나빠지는 경향이 있습니다. 종교 활동을 열심히 하면 할수록 가족과 이웃과의 인간관계는 멀어지고 인간다움도 사라지는 것을 볼 수 있습니다.

우리 주위를 살펴봅시다. 혹시 단절되거나 무시된 가족, 친지, 친구, 이웃들이 있지 않습니까? 교회 생활에 열심을 다하는 것은 좋은데,

그것 때문에 주변의 비신자와의 관계가 단절되면 안됩니다. 우리는 신앙생활이 깊어질수록 더 많은 비신자들을 만나야 합니다. 그들을 만날 때 천연기념물을 만나듯 놀랍고 반가워야 합니다.

Q 하나님과 이웃의 관계를 비롯한 당신의 모든 관계는 안녕하십니까?

2 하나님과의 친밀성

영성은 우리 안에 계시는 하나님을 발견하고, 그 하나님과 친밀함을 추구하는 관계성입니다. 하나님과 친밀하다는 것은 하나님과의 사랑의 관계를 가꾸어 나감을 의미합니다.

하나님은 종교적인 의무를 실행하는 신앙생활을 기뻐하지 않으십니다. 하나님께서 가장 기뻐하시는 것은 하나님과 이웃과 친밀한 관계를 맺어 뜨거운 교제를 나누는 삶입니다. 그 친밀한 관계와 뜨거운 교제 속에서 치유가 일어나고 기쁨이 일어나고 삶의 행복이 깃듭니다.

영성생활은 하나님 앞에서 사는 삶(시 16:11)과 하나님과 즐거운 관계를 맛보는 것(요일 4:12)을 의미합니다. "우리는 에덴동산에서 사람과 하나님의 이상적인 관계를 볼 수 있습니다. 아담과 하와는 하나님과 친밀한 관계를 누렸습니다. 의식도, 예식도, 종교도 없었고 단지 하나님과 사람 사이의 관계가 있었을 뿐입니다. 죄의식이나 두려움의 방해 없이 아담과 하와는 하나님으로 인해 기뻐하였고, 하나님도 그들로 인해 기뻐하셨습니다"(릭 워렌).

자칫하면 우리는 하나님에 관한 지식만 잔득 쌓아서 자기만족에 빠지는 어리석은 사람이 되기가 쉽습니다. 그렇다면 지식 그 자체가 우상이 될 수도 있습니다. 올바른 영성생활은 하나님과 친밀한 관계 속에서 그 친밀함을 누리면서 세상에 하나님을 알리는 것입니다. 이는 하나님을 가장 기쁘시게 하는 크리스천의 숭고한 삶입니다.

우리는 종종 하나님을 위해 일은 하면서도 하나님과의 친밀함은 놓쳐버립니다. 오히려 하나님을 위해 바쁘게 일하면 일할수록 하나님과의 관계는 멀어집니다. 무엇이 문제입니까?

우리는 하나님의 자녀요 동역자입니다

우리는 하나님의 부르심을 받아 죄와 사망에서 구원받았을 뿐만 아니라, 하나님의 자녀가 되고 더 나아가 하나님의 동역자가 되었습니다. 동역자는 사역도 함께하지만 엄청나게 친밀한 관계임을 의미합니다.

하나님의 동역자는 하나님의 이름으로 다른 사람들을 축복하며 하나님의 나라를 확장하는 일에 하나님과 뜻을 같이합니다. 하나님의 일이라면 어디라도 가서 그 일이 무엇이든 기꺼이 수행하고 더 나아가 생사를 같이 하고 동고동락하는 관계를 의미합니다.

Q 당신은 하나님과 친밀한 관계를 누리고 있습니까?

3 이웃과의 친밀성

어떻게 하면 이웃들과 친밀한 관계를 유지할 수 있을까요? 친밀한 관계를 유지할 수만 있다면 우리는 늘 행복할 것입니다. 그러므로 행복은 더 이상 개인적인 문제가 아니라 이웃과의 관계 문제입니다. 행복은 친밀한 관계 속에서 발생되는 자연스러운 덕목입니다.

우리는 이웃들을 나의 텃밭에 자라고 있는 화초라고 생각합시다. 텃밭의 화초는 늘 관심을 갖고 가꾸어야 합니다. 무엇보다도 물주기를 잊어서는 안됩니다. 물을 듬뿍 주어야 잘 자랍니다. 날마다 열심히 서로 사랑합시다. 우리는 사랑만 하고 살기에도 너무 짧은 인생을 함께 살아가고 있습니다.

우리는 때로 자기 생각에 몰두한 나머지 옆 사람의 존재를 잊어버립니다. 함께 차를 타고 가면서, 심지어 함께 식사를 하면서 옆자리에 있는 배우자의 존재를 잊어버립니다. 우리가 그러한 행동을 습관처럼 계속한다면 우리 배우자는 서서히 병들어 갈 것입니다. 우리는 서로의 관심과 보살핌을 필요로 하는 연약한 존재이기 때문입니다. 우리는 사람을 중시하는 관계중심 영성생활을 해야 합니다. 삶의 모든 영역에서 이웃을 사랑할 수 있어야 합니다. 우리의 삶은 영성생활의 현장입니다.

피상적인 관계를 넘어 친밀한 관계로!

오늘날 대부분의 인간관계는 피상적인 관계로 전락하고 있습니다. 서로 안부, 날씨, 정보 정도를 주고받는 관계이지, 자기 내면의 고민이나 감정을 주고받는 친밀한 관계까지는 발진되지 않고 있습니다. 이러한 가벼운 관계 속에서는 신뢰가 일어나지 않는다. 깊은 신뢰를 주는 친밀한 관계가 조성되어야 합니다. 피상적인 관계는 아무런 의미도 없습니다. 의미 있는 친밀한 관계를 만들어야 합니다.

성령의 9가지 열매는 관계적 인격적 열매입니다

"오직 성령의 열매는 사랑과 희락과 화평과 오래 참음과 자비와 양선과 충성과 온유와 절제니 이 같은 것을 금지할 법이 없느니라"(갈 5:22-23).

성령의 9가지 열매는 하나같이 인격적이고 관계적인 열매입니다. 성령의 9가지 열매는 예수 그리스도의 인격을 닮아가고, 하나님과 이웃과 친밀한 관계를 누리는 열매입니다. 성령의 열매를 통해 하나님의 형상을 회복하고 모든 이와 친밀한 관계를 누리기를 바랍니다.

Q 크리스천이 된다는 것은 관계 지향적 인물이 된다는 것입니다. 당신은 관계 지향적 인물입니까?

그러면 우리는 어떻게 살 것인가?

1) 실천해야 할 삶 (나)

이웃들과 친밀한 관계를 맺기 위해서 우선적으로 실천해야 할 일은 무엇입니까? 최우선적인 것부터 실천합시다.

2) 나누어야 할 사역 (교회 공동체)

당신의 관계 맺는 스타일은 피상적인 스타일입니까? 친밀한 스타일입니까? 자신의 스타일에 대해 주위 사람들과 나누고 친밀한 스타일로 바꾸어 나아갑시다.

3) 나누고 섬겨야 할 과제 (예비신자 오이코스)

당신은 예비신자와 피상적인 관계를 맺고 있는 것은 아닙니까? 신뢰가 형성되는 친밀한 관계로 발전시킵시다. 그러면 전도도 됩니다.

15코스 관계성을 통한 치유와 전도

성경본문
모든 것이 하나님께로서 났으며 그가 그리스도로 말미암아 우리를 자기와 화목하게 하시고 또 우리에게 화목하게 하는 직분을 주셨으니
고후 5:18

우리 시대의 문제점은 관계단절입니다. 날로 관계가 변질되거나 단절되고 있습니다. 이로 인해 우울증, 이혼, 가족해체, 이웃상실 등, 각종 사회문제가 발생되고 있습니다. 현대 사회를 치유하기 위해서는 관계의 회복과 발전이 급선무입니다. 친밀한 관계는 치유하는 힘이 있습니다. 진정한 친밀감이란 우리가 가장 소중한 것을 함께 나누는 것입니다.

인간이란 말은 관계를 맺는다든가, 이웃과 주변을 돌아본다는 의미가 내포된 매우 아름다운 관계적인 말입니다. 삶이란 관계맺음입니다. 기독교가 표방하는 사랑이 가득한 친밀한 공동체는 관계맺음으로 가능합니다.

1 관계의 위기와 상처

"서로 무관심한 이웃들이여, 우리가 서로에게 도움이 되는 존재라는 걸 깨달아야 합니다. 감탄할 만큼 뛰어난 능력을 베풀 수는 없어도, 우리는 서로에게 쓸모가 있습니다"(소로우).

무관심이 현대인을 병들게 합니다
오늘날 현대인의 눈에는 투명인간처럼 주변 사람이 보이지 않습니

다. 당신은 누가복음 16장에 나오는 부자처럼 살고 있지는 않습니까? 부자의 문제는 무엇입니까? 거지 나사로에 대한 무관심입니다. 오늘날 서로에 대한 무관심이 현대인을 병들게 하고 있습니다. 무관심은 일종의 죄입니다. 우리의 무관심으로 인해 외롭게 방치된 이웃이 누구인지 주변을 살펴봅시다.

"무관심은 인생을 외롭게 만듭니다. 인간에 대한 가장 나쁜 죄는 인간을 미워하는 것이 아니라 무관심입니다"(버나드 쇼).

현대인을 치유하는 '이해와 사랑' 묵상

"이해 받기보다는 이해하고, 사랑 받기보다는 사랑하게 하소서"(아시시의 프랜시스).

현대인을 치유하는 친밀한 관계는 어떻게 발전합니까? 그것은 간단합니다. 비난과 논쟁을 피하고 이해하고 사랑하십시오. 이해와 사랑은 다른 것이 아니라 같은 것입니다. 둘이 아니라 하나입니다. 이해하면 사랑할 수 있고 사랑하면 이해할 수 있기 때문입니다.

이해심은 그 사람의 생각과 삶 속 깊숙이 들어가서 그 사람의 아픔과 고통을 알아차리려는 마음입니다.

우리 말에 "입장을 바꾸어 놓고 생각해 봐라"는 명언이 있습니다. 입장을 바꾸어 놓고 생각해 보면 이해가 가고, 이해가 되면 사랑할 수 있게 됩니다. 그러면 관계는 자라나고 발전합니다. 가끔 우리는 주위 사람들에게 물어봅시다. 특히 부부간에는 반드시 물어봅시다. 이런 질문을 할 때 사랑은 활짝 피워납니다. "여보 내가 당신을 충분히 이해하는 것 같아요? 이해하지 못하고 있는 점이 있다면 말해 주세요."

이 시간 옆 사람과 사랑이 활짝 피어나는 질문을 해봅시다. "제가 당신을 충분히 이해하고 있나요?"

매듭 풀기

우리는 살아가면서 날마다 인간관계의 매듭을 만들어 계속 쌓아

갑니다. 이로 인해 우리의 삶은 날로 피곤해지며 결국에는 만신창이가 됩니다. 매듭은 주로 오해와 상처로부터 생겨납니다.

그러므로 매듭을 푸는 길은 허심탄회한 대화입니다. 대화 중에 서로의 마음을 충분히 털어 놓으면 매듭은 쉽게 풀립니다. 매듭을 풀지 않고 그냥 두면 불쾌함, 분노, 후회, 불안 등, 온갖 부정적인 감정이 생겨나서 관계를 악화시킵니다.

Q 나의 무관심 속에 방치되어 있는 가족이나 친구나 이웃은 없습니까?

2 묵상을 통한 5단계(step) 관계치유법

당신이 만약 단절되거나 불편해진 인간관계로 인해 마음의 평화가 깨지고 고통 당하고 있다면 어떻게 해야 할까요? 다음의 5단계(step) 묵상과정을 통해 상처받은 마음을 치유하고 관계를 회복할 수가 있습니다.

1단계 문제 발견과 관찰

먼저 문제가 무엇인지를 정확하게 알아야 합니다. 그리고 마음을 집중해서 상대방의 입장에서 그 문제를 관찰합시다(역할 바꾸기). 상대방의 과거, 현재의 처한 상황과 상처와 아픔 등, 관찰할 수 있는 것들은 모두 관찰합시다. 그러면 상대방의 처지와 형편을 알아차림으로서 문제가 어디에서 발생하였는지를 알게 될 것입니다. 그러면 상대방에 대한 이해심과 진정한 사랑을 갖게 될 것입니다.

2단계 문제 묵상

문제를 깊이 묵상합시다. 묵상은 문제의 본질을 꿰뚫어 볼 수 있는 힘입니다. 묵상을 하면 문제를 객관적으로 이해하게 됩니다.

3단계 이해와 사랑

문제의 본질과 상황을 알게 되면, 치유의 길은 자연스럽게 드러나게 될 것이다. 문제를 제대로 이해하게 되면 더 이상 화가 나지 않습니다. 오히려 이해하면 사랑하게 되고 마음이 평온해집니다.

한편 우리는 상대방이 항상 향기로운 꽃으로만 존재하기를 기대해서는 안됩니다. 상대방의 약점과 실수 같은 오물 투성이도 이해하여야 합니다. 장미꽃도 오물과 퇴비 속에서 꽃을 피우고 향기를 내는 것입니다. 썩고 부패한 오물 속에서도 아름다운 꽃을 피우듯이 뼈아픈 상처와 처절한 고통 속에서도 멋진 관계와 사랑을 이루어 낼 수 있는 것입니다.

우리가 흔히 가족이나 친구와 문제가 생기면 상대방을 비난합니다. 하지만 비난은 전혀 도움이 안됩니다. 절대 비난하지 말고, 변명하지도 말고 이해하기만 하십시오. 당신이 이해하고 사랑하는 관대한 마음을 가지게 된다면 상황은 달라집니다.

이해와 사랑과 칭찬, 이 세 가지는 절대적으로 필요합니다. 인간에게 있어 이 세 가지는 산소처럼 소중한 것입니다.

4단계 솔직한 대화와 도움 요청

여기서는 당신의 솔직한 심정과 그동안 오해가 있었음을 이야기하고 앞으로 관계회복을 위해 도움을 요청하십시오.

5단계 친밀한 관계 주도하기

앞으로는 당신이 주도적으로 친밀한 관계를 위해 힘써십시오.

ⓠ 깨어지고 단절된 관계가 있다면 '묵상을 통한 5단계 관계 치유법'으로 관계를 회복 합시다.

3 한 사람의 소중함을 일깨우는 관계중심 영성생활

오늘날 내 옆의 한 사람이 멍들어가고 있습니다. 세상과 인류를 위해 분주하게 뛰어다니면서도 정작 내 옆의 한 사람, 가장 사랑해야 할 이웃을 무시해버리는 것이 현대인의 삶입니다. 이는 분명히 모순입니다. 이 모순이 현대사회의 구조가 되어 버렸습니다. 누구나 사랑할 수 있는 추상 속에 인류를 이제 그만 사랑하고, 내 옆의 한 사람을 구체적으로 사랑해나가는 법을 배워야 합니다.

'인류를 향한 큰 사랑'도 내 옆에 있는 한 사람을 사랑하는 것으로부터 시작해야 합니다. 하나님의 형상대로 지음 받은 한 사람 한 사람을 사랑하는 영성생활을 합시다.

한 사람의 소중성

대형화된 현대 사회에서 한 사람의 소중성이 점점 희박해지고 있습니다. '한 사람에 대한 절대성'은 기독교의 본질임에도 불구하고 교회에서 조차도 대수롭지 않게 취급되고 있습니다. 한 사람의 소중성은 반드시 회복되어야 합니다. 만나는 사람마다 자신이 많은 사람들 중에 하나가 아니라, 이 세상에 존재하는 유일한 사람처럼 느껴지도록 영접하십시오. 그러면 그들의 마음이 활짝 열릴 것입니다.

주님은 우리를 대하실 때 "너는 내가 염두에 둔 아주 특별한 사람이다"라고 느끼게 하십니다. 우리도 주위 사람들을 대할 때 그러한 생각이 들도록 해야 합니다. 세상의 변화는 한 영혼 한 영혼으로부터 시작됩니다. 한 영혼을 중요시하는 영성생활에 눈을 뜹시다. 우리는 서로에게 하나의 꽃이 되고, 의미가 되기 위해 몸부림쳐야 합니다.

Q 당신은 옆에 있는 한 사람을 얼마나 소중히 여기며 사랑하고 있습니까?

그러면 우리는 어떻게 살 것인가?

1) 실천해야 할 삶 (나)

당신과 관계가 단절된 사람을 찾아내어 연락해서 다시 관계를 회복합시다. 그리고 당신이 생명을 걸고·사랑해야할 한 사람은 누구입니까? 그 한 사람에게 생명을 걸고 사랑하고 있습니까? 이번 기회를 그 사랑을 실천합시다.

2) 나누어야 할 사역 (교회 공동체)

우리는 어떻게 하면 서로에게 좋은 이웃이 될 수 있습니까? 그 방법을 찾아 서로 나누어 봅시다.

3) 나누고 섬겨야 할 과제 (예비신자 오이코스)

현재 예비신자와의 관계가 단절되어 있다면 다시 회복합시다.

16코스 새들이 깃드는 좋은 나무의 영성

성경본문
그는 시냇가에 심은 나무가 철을 따라 열매를 맺으며 그 잎사귀가
마르지 아니함 같으니 그가 하는 모든 일이 다 형통하리로다 시 1:3

왜 하나님은 우리 곁에 사시사철 무수한 나무들을 두고 나무들과
함께 살아가게 했을까요? 우리 주위의 나무들을 통해 말씀하시는
하나님의 메시지는 무엇일까요? 하나님은 나무들을 통해 언제나 우
리에게 묵언의 눈길을 보내십니다. 우리도 나무들처럼 살라고…

1 좋은 나무처럼 늘 하나님을 찬양하고 예배하라

당신은 나무를 보면 어떤 이미지가 떠오릅니까? 나의 경우는 나무
는 늘 하나님을 향하여 기도하고 찬양하며 예배하는 이미지입니다.
그리고 오로지 베푸는 존재이고, 모든 생명체가 살 수 있도록 산소
를 주는 놀라운 존재입니다.
나무는 언제나 변함없이 같은 자리에서 꽃을 피우고 향기를 내고
열매를 맺습니다. 자주 옮겨 심으면 나무는 잘 자라지 않습니다. 나
무는 우리가 어떻게 살아야 하는지, 말없이 자신의 존재, 그 자체로
서 보여주고 있습니다. 나무는 그 존재만으로도 큰 감동을 주는 보
배로운 존재입니다.

크리스천의 이상적인 라이프스타일은 좋은 나무입니다

크리스천은 독특한 스타일을 갖는 존재입니다. 우리가 예수 그리
스도로부터 새로운 생명을 부여받았다면, 새로운 라이프스타일(new

lifestyle) 또한 부여받았습니다. 따라서 크리스천에게는 세상과는 구별되는 새로운 삶의 스타일이 있습니다. 이것이 크리스천의 매력이요, 영성의 향기입니다.

크리스천의 라이프스타일은 기독교의 얼굴입니다. 그런데 언제부터인가 크리스천은 이 스타일을 잃어버렸습니다. 따라서 크리스천에게만 느껴졌던 매력과 향기, 그리고 능력도 사라졌습니다. 그러한 가운데 영혼구원으로 나타나는 하나님의 뜻과 우리의 사명과 본업 등, 가장 소중한 것들을 잃어버렸습니다. 이제 라이프스타일을 회복해야 합니다. 꽃처럼 아름답게 자신의 라이프스타일을 가꾸려는 진지한 소망이 있어야 합니다.

성경이 보여주는 크리스천의 이상적인 라이프스타일은 좋은 나무입니다. 좋은 나무가 되어 늘 삶의 현장에서 사시사철 하나님을 찬양하고 기도하고 예배합시다.

Q 당신은 크리스천으로서 좋은 나무처럼 감동이 있고 향기로운 라이프스타일을 소유하고 있습니까?

2 좋은 나무처럼 모든 이를 환영하라

나무는 하늘에서 내리 쬐는 햇볕, 지나가는 바람, 날아드는 새와 벌, 촉촉이 내리는 비, 기어오르는 개미와 각종 벌레 등, 모든 이를 환영합니다. 나무는 큰 나무와 작은 나무, 고목과 새싹, 침엽수와 활엽수 등이 한데 섞여 숲을 이루며 함께 서식합니다. 그러면서 나무들은 서로가 가진 것을 함께 나누면서 풍요로움을 만끽합니다.

좋은 나무의 영성은 모든 이를 환영하는 환대와 친밀함의 영성입니다. 나무는 하나님, 사람, 동물, 땅, 물, 태양, 햇볕, 바람 등, 모든 만물과 잘 어울리는 친밀한 영성입니다.

나무 껴안기 영성생활

나는 언제부터인가 나무를 보면 껴안는 습관이 있습니다. 나무를 껴안으려고 다가가면, 나무는 결코 거부하지 않고 언제나 변함없이 환영합니다. 당신의 온 마음과 몸으로 나무의 전존재를 껴안으십시오. 나무를 껴안고 나무처럼 살 것을 결심하십시오.

우리 크리스천은 적대적, 극단적 입장에 설 것이 아니라, 나무처럼 모든 것을 환영하고 포용하려는 입장에 서야 합니다. 엄격한 아버지의 입장보다는 부드러운 어머니의 입장에서 따듯하게 감싸주고 품어주어야 합니다. 나무처럼 품어주어야 사람이 변화되고 새 생명이 탄생됩니다.

"나무는 성스러운 존재입니다. 그들과 이야기를 나누고 그들의 이야기를 알아듣는 사람은 진리를 압니다. 그들은 교훈과 처방을 내리는 것이 아니라 개체를 무시하고 생녕의 근원 법칙만을 위해 설교합니다. 아름답고 튼튼한 나무보다 더 신성하고 지혜로운 것은 없습니다"(헤르만 헤세).

Q '나무 껴안기' 영성생활을 실천합시다.

3 좋은 나무처럼 베풀고 섬기라

나무는 오로지 베푸는 존재입니다. 나무는 미운 사람 고운 사람을 가리지 않고 누구에게나 베풀기만 합니다. 가지는 잘리고 열매를 빼앗기고 제 몸을 베이고 썩어져도 말 한마디 없이 싹을 티우고 꽃을 피우고 향기를 내고 열매를 맺고 산소를 발산하며 묵묵히 자신의 소임을 다할 따름입니다. 따라서 예전부터 위대한 스승과 시인들은 가장 온전한 인격에 도달한 경지를 곧 잘 나무에 비유했습니다.

우리 한 사람 한 사람이 이와 같은 좋은 나무가 된다면 이 사회가 어떻게 달라질까요? 가슴을 활짝 열고 큰 희망을 가져 봅시다. 이 시간 달라질 세상을 상상해 봅시다.

아낌없이 주는 나무

쉘 실버스타인의「아낌없이 주는 나무」이야기를 아십니까?「아낌없이 주는 나무」는 이웃을 사랑한다는 것이 무엇인지를 구체적으로 보여줍니다. 시작과 끝이 같은 초지일관의 사랑이 얼마나 아름다운지를 간결하게 보여주고 있습니다.

나무는 날마다 소년을 기다립니다. 소년이 오면 시원한 그늘과 맛있는 과일 등, 나무가 줄 수 있는 모든 것을 주며 소년과 함께 노는 시간을 더없이 좋아했습니다. 소년이 성인이 되어 집을 짓기 위한 목재가 필요했을 때, 나무는 자신의 몸을 목재로 기꺼이 내어 놓았습니다. 세월이 흘러 소년이 노인이 되어 나무를 찾아왔을 때는 마지막 남은 자신의 밑동조차 소년이 앉는 자리로 내어 놓았습니다. 나무는 자신의 전 존재를 소년에게 내어놓았습니다. 그는 오로지 베푸는 존재입니다. 그래서 나무는 매우 행복했습니다. "봉사할 줄 아는 사람만이 진정으로 행복할 수 있습니다"(슈바이쳐).

이 짧은 이야기는 우리들의 가슴을 훈훈하게 해줍니다. 그리고 나 자신은 어떤 존재인지 다시 한 번 생각하게 만듭니다. 우리 크리스천 한 사람 한 사람이 아낌없이 주는 나무가 된다면 이 사회는 어떻게 달라질까요? 달라질 세상을 그려봅시다. 가슴을 활짝 열고 큰 희망을 가져봅시다.

베푸는 즐거움

하나님은 우리를 복의 근원으로 삼으셨습니다(창 12:2). 하나님은 우리에게 큰 복을 한량없이 부어주시고, 우리에게 고여 있는 그 복을 퍼서 주변 사람들에게 기꺼이 베풀며 살도록 하셨습니다. 그렇게 베풀 때 큰 즐거움을 맛볼 수 있게 하셨습니다.

나무가 열매를 맺으려면 꽃을 버려야 하듯이 베풀고 섬기는 삶을 위해서는 때로는 자신이 가장 애지중지하는 것을 기꺼이 버려야 합니다. 그럴 때에 좋은 열매를 맺는 가쁨을 함께 나눌 수가 있습니다.

Q '아낌없이 주는 나무' 이야기가 나에게 주는 감동과 도전은 무엇입니까?

4 좋은 나무처럼 열매를 맺어라

"이와 같이 좋은 나무마다 아름다운 열매를 맺고 못된 나무가 나쁜 열매를 맺나니 좋은 나무가 나쁜 열매를 맺을 수 없고 못된 나무가 아름다운 열매를 맺을 수 없느니라"(마 7:17-18).

영성생활이란 성령 안에서 그리스도를 본받아 하나님과 친밀한 교제를 나누는 가운데 좋은 나무가 되어 열매 맺는 삶입니다(잠 11:30 참조).

예수 그리스도를 믿고 신자가 되고 제자가 되고 성경대로 산다는 것은 좋은 나무가 된다는 것입니다. 좋은 나무가 됩시다. 좋은 나무가 되면 그 가지에 새들이 깃듭니다. "또 비유를 들어 이르시되 천국은 마치 사람이 자기 밭에 갖다 심은 겨자씨 한 알 같으니 이는 모든 씨보다 작은 것이로되 자란 후에는 풀보다 커서 나무가 되매 공중의 새들이 와서 그 가지에 깃들이느니라"(마 13:31-32).

아침부터 저녁까지 새들이 깃들게 합시다. 봄, 여름, 가을, 겨울, 새들의 노랫소리로 가득 채웁시다. 이 땅을 천국으로 만들어 나아갑시다. 이 시간 좋은 나무가 되기 위해 결단하고 헌신하는 시간을 가져 봅시다.

'좋은 나무' 헌신문

본인은 주위를 향기로 가득 채우고
사람의 심성을 부드럽고 따듯하게 하며,
산소를 내며 열매를 맺는 좋은 나무로
이 세상을 섬길 것을 헌신합니다.

년   월   일

이름   서명

16코스

그러면 우리는 어떻게 살 것인가?

1) 실천해야 할 삶 (나)

좋은 나무처럼 늘 꽃을 피우고 향기를 내고 열매를 맺고 오로지 베푸는 존재가 됩시다.

2) 나누어야 할 사역 (교회 공동체)

좋은 나무처럼 항상 기도하고 찬양하고 예배합시다.

3) 나누고 섬겨야 할 과제 (예비신자 오이코스)

좋은 나무처럼 예비신자 오이코스들을 섬기고 베풉시다.

6단계 일상의 영성 (영성의 꽃)

일상의 영성은 영성의 꽃입니다

영성은 삶의 모든 영역에서 꽃피워야 합니다. 크리스천에게 있어 운전, 청소, 식사, 설거지 등, 일상의 모든 작고 사소한 일까지도 영성생활(수행)이 되어야 합니다. 영성생활이란 하나님의 임재 안에서 지금 이 순간이 가장 행복하다는 것을 깨닫는 것입니다.

영성을 오늘날의 이야기로 풀어내라!

생생한 일상의 이야기로 영성을 풀어내고자 합니다. 성과 속을 구분하는 이분법적인 영성이 아니라, 일상의 모든 곳을 다루는 통합적인 영성을 생생하게 펼치고자 합니다. 일상에서 하나님의 임재를 체험하고 삶의 의미를 발견하는 영성을 이야기하고자 합니다. 일상의 삶을 주제로 하는 새로운 영성을 추구합시다.

6단계 일상의 영성 (영성의 꽃)

17단계 왜 일상의 영성인가?
18단계 영성의 일상화
19단계 영성을 삶으로 꽃 피워라!

17코스 왜 일상의 영성인가?

성경본문

보라 내가 새 일을 행하리니 이제 나타낼 것이라 너희가 그것을 알지 못하겠느냐 반드시 내가 광야에 길을 사막에 강을 내리니 사 43:19

기독교 영성은 새 시대에 새로운 도전에 직면했습니다. 금세기 오늘의 현실은 새로운 영성을 요구하고 있습니다. 기독교 영성이 보다 새로워지고, 확장되어져야 합니다. 그렇게 할 때 기독교 영성이 현실에 깊이 뿌리박고, 그 영향력을 발휘할 수 있습니다. 우리는 새로운 가능성을 향해 늘 문을 열어 놓아야 합니다. "시대는 늘 불확실한 것이지만, 불확실한 시대에 오히려 새로운 제도나 사상이 나옵니다."

1 일상의 삶을 주제로 하는 새로운 영성

21세기, 새로운 시대를 맞이하여 성경에 기초를 두고 일상의 삶을 주제로 하는 새로운 영성을 추구해야 합니다.

영성에 관한 가장 큰 오해는 사람들이 영성훈련 과정을 통해 일반인과는 다른 좀 신비스럽고 특별한 존재가 되었으면 하는 생각입니다. 이런 자들은 매사를 이원적인 사고를 가지고 영적인 것과 그렇지 않은 것을 구분하려고 듭니다. 그로 인해 현실과는 괴리된 삶을 살아가게 됩니다.

기독교 영성은 그리스도인의 생활 전반을 통해서 표현되어야 합니다. 성령은 영혼뿐 만 아니라, 삶의 전체를 관장하기 때문입니다. 영성이 현실에 굳게 뿌리를 내리고 있어야, 그 가치가 드러나며 진가를 발휘합니다. 영성은 일상의 삶 가운데 꽃을 피우고 열매를 맺어야 합니다.

하지만 오늘날 영성을 일상의 삶과 분리한 채 현실도피성 신비를 추구하려는 경향이 있습니다. 이는 뉴에이지 영향 때문이기도 합니다. "뉴에이지는 평범한 것, 일상적인 것, 육체적인 것, 물질적인 것을 도외시합니다. 영지주의의 한 형태로서, 대단히 매력적입니다. 왜냐하면 설거지나 기저귀를 가는 일이나 일하러 가는 것과는 아무런 관계도 없는 영성이기 때문입니다. 일, 사람, 죄, 곤경, 불편함과는 별로 통합되어 있지 않습니다"(유진 피터슨).

현실에 뿌리내린 영성

예수 그리스도께서 몸소 보여주신 것처럼 기독교 영성이란 일상의 삶과 관련된 것이어야 합니다. 현실에 뿌리를 내리고 있어야 합니다. 구체적이고도 실제적인 것이어야 합니다. 기독교는 실천의 종교이며 현신 생활 속에서 평범한 사람들에게 영향을 끼치는 종교입니다.

오이코스 영성생활은 영성의 일상화와 대중화를 시도하고 있습니다. 파묻히는 영성이 아니라, 영성을 일상의 삶에 적용하는 '영성의 실용화'를 시도하고 있습니다. 그로 인해 크리스천 영성의 영향력을 일반사회까지 넓혀가고자 하는 것입니다.

Q 우리 시대에 일상의 영성이 필요한 절실한 이유는 무엇입니까?

2 일상에 관한 신학(Theology of the Ordinary)

일상에 관한 신학은 평범한 일상생활 가운데 하나님의 손길을 발견하고 감사하는 신학입니다. 사람들은 하나님을 놀라운 기적과 특별하거나 거대한 사건 가운데 하나님의 섭리와 인도하심을 발견하고자 하는 경향이 있습니다. 하나님은 특별한 사건과 일상의 사소한 일, 모두 주관하시는 분이십니다. 이제 평범한 일상사 가운데 임하시는 하나님의 손길에 눈을 돌립시다. 기상, 식사, 출근, 운전, 직장 등, 일상사에 임하시는 하나님의 손길을 체험합시다.

"하나님의 나라는 이 세상 도처에서 확장되고 있습니다. 이제 우리의 눈을 열어, 굉장한 사건을 주목하는 만큼이나, 일상적인 삶 속에서 하나님의 은혜를 맛봅시다. 그때 평범한 것 가운데 비범함을 발견하는 기쁨을 누리게 됩니다"(마이클 프로스트).

하나님의 신비는 도처에서 일어나고 있습니다. 하나님의 나라는 온 세상 구석구석까지 퍼져나가서 평범한 일상사에게까지 영향을 미치는 것입니다. 하나님을 그저 단순한 범주에 묶어 놓지 맙시다.

"인생에 있어서 가장 중요한 때는 오직 현재입니다. 현재라는 것은 순간을 말합니다. 순간에 사는 것이 인생을 경험하는 것이며, 이 순간 속에 영원을 발견하는 삶이 인생을 극복한 사람입니다. 현재 이 순간을 떠나서는 우리라는 것도 없고 세계도 인생도 없습니다. 이 현재의 순간을 놓쳐버릴 때 그것은 바로 인생을 놓쳐버린 것이 됩니다. 그리고 다시 돌이킬 수 없는 영원한 것을 놓쳐 버린 것입니다"(어거스틴).

오늘의 일상에 최선을 다하는 영성생활

주님은 내일을 염려하지 말고 오늘에 최선을 다할 것을 가르치셨습니다. 내일의 일은 하나님이 책임지시기에 우리는 오늘의 일에 집중할 필요가 있습니다. 현재의 시간, 즉 '일상의 삶'이 하나님을 따르고 섬길 최적의 시간입니다. "그러므로 내일 일을 위하여 염려하지 말라. 내일 일은 내일이 염려할 것이요 한 날의 괴로움은 그 날로 족하니라"(마 6:34).

"사실 영성훈련은 우리들의 하루하루의 일상 활동 속에서 가장 잘 이루어집니다. 만약 그 훈련이 변화시키는 효력을 가지고 있다면, 그 효력은 인간생활의 일반적인 접촉, 즉 남편과 아내 사이의 관계, 형제 자매 사이의 관계, 친구들 사이의 관계, 이웃 사람들 사이의 관계 등의 관계 속에서 발견 되어야 할 것입니다"(리차드 포스터).

평범 중에 발산되는 광채

"이 땅은 천국으로 충만하여 모든 평범한 떨기나무에는 하나님의 불이 붙어있습니다. 그러나 보는 자만이 신발을 벗습니다"(엘리자베스 브라우닝).

영적 감수성을 키우십시오. 평범한 일상생활 중에 발산되는 광채를 볼 수 있는 영적 감수성이 있어야 합니다. 우리는 평범한 것 속에 있는 놀라운 것을 볼 수 있는 안목이 필요합니다. 일상의 평범한 것 가운데 하나님의 메시지를 발견하는 '눈 뜬 영성'의 소유자가 됩시다. 회오리바람 속에서 뿐만 아니라 뺨에 살짝 스쳐 지나가는 미풍 속에서도 하나님의 존재를 발견합시다.

우리의 눈은 항상 놀란 듯 활짝 열려 있어야 합니다. 그러면 우리는 언제 어디서나 하나님의 숨결을 느낄 수 있습니다.

Q 당신의 영적 감수성은 안녕하십니까?

3 일상의 삶에 눈을 뜨는 영성생활

금세기, 우리 시대의 영성의 주제는 무엇입니까? '일상의 삶'입니다. 과거에는 예수 믿고 교회 다니는 가장 큰 이유가 천국가기 위해서였습니다. 이제는 달라졌습니다.

오늘날의 크리스천은 구원받고 하나님을 아는 것뿐만 아니라, 그 이상의 것을 원합니다. 일상의 삶 속에서 직접 하나님을 체험하기를 원합니다.

오늘날의 사람들은 천국보다 매일매일 일어나는 일상의 문제로 고민하고 있습니다. 심지어 경제적으로 안정되고 사회의 지도층에 속하는 엘리트도 극히 일상적인 일들을 어떻게 다뤄야 할지 몰라 불안해하고 있습니다. 예컨대 사람을 만나 대화하고 결혼해서 자녀를 낳고 교육하는 것과 같은 일상생활에 대해 불안해하고 있습니다. 다행히도 예수님은 일상의 삶에 대해 지대한 관심을 가지시고, 일상에 대해 많은 가르침을 주셨습니다.

"예수님은 우리로 하여금 공중이 아니라 현실에 발붙이게끔, 어린 아이들에게 주의를 기울이게끔, 평범한 사람들과 대화하게끔, 친구와 낯선 이들과 식사를 나누게끔, 바람에 귀 기울이게끔, 들꽃을 관찰하게끔, 아프고 상처 입은 이들을 만져주게끔, 단순하고 꾸밈없는 기도를 드리게끔 만들어 주십니다. 예수님은 우리가 하나님을 바로 지금 여기 이곳에서, 지금 우리와 함께 있는 사람들과 더불어 만나야 한다고 주장하십니다. 예수님은 바로 지금 여기에 계시는 하나님이십니다"(유진 피터슨).

"보라 지금은 은혜 받을 만한 때요, 보라 지금은 구원의 날이로다"(고후 6:2). 하나님은 현재와 미래를 쥐고 계시는 분이시고, 우리는 현재의 삶에 최선을 다해야 하는 하나님의 일꾼입니다. 하나님의 뜻을 행하는 시간은 지금이요, 일상의 삶입니다.

보통 사람의 일상의 삶에 영향을 끼치는 영성생활

여기서는 일반인의 일상의 삶에 영향을 끼치는 영성생활을 이야기하고자 합니다. 어떤 특별한 영적 체험보다는 일상생활에서 좀 더 평화로워지고 행복해 지는 영성생활을 이야기하고자 합니다. 이는 우리의 삶과 직접 관련된 생활영성입니다.

미래의 전도

오늘날 이제는 '영성'이 일상적인 용어가 되었습니다. 금세기는 어느 시대보다 사람들이 개인의 삶, 생활습관, 건강, 행복, 가치 등에 깊은 관심을 기울이고 있습니다. 우리 시대는 기독교를 비롯한 어떤 특정 종교보다는 영성 그 자체에 관심을 가지는 사람이 늘어나고 있습니다. 이러한 시대에 우리 교회는 일상의 영성을 통해 사람들과 일차적으로 소통하고, 그 다음 기독교 전통적 영성을 소개하며 전도하는 것이 좋습니다. 그렇다면 성경에 기초한 다양한 일상의 영성을 개발할 필요가 있습니다.

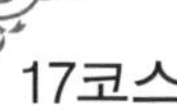 왜 오늘날 일상의 영성입니까?

17코스

그러면 우리는 어떻게 살 것인가?

1) 실천해야 할 삶 (나)

일상의 영성을 통해 당신의 일상의 삶이 확 달라지기를 바랍니다. 당신의 일상의 삶 가운데 당장 달라져야 할 부분은 무엇입니까?

2) 나누어야 할 사역 (교회 공동체)

주위에 그릇된 영성에 미혹 당한 사람이 있다면 만나서 올바른 기독교 영성생활을 소개하도록 합시다.

3) 나누며 섬겨야 할 과제 (예비신자 오이코스)

주위 예비신자들에게 일상의 삶을 주제로 하는 영성생활을 소개하고 교회에 초청합시다.

18코스 영성의 일상화(日常化)

이 날은 여호와께서 정하신 것이라 이 날에 우리가 즐거워하고 기뻐하리로다 시 118:24

바로 지금 이 순간이 굉장한 순간입니다. 우리 주위에는 감탄해야 할 것들로 가득 차 있는데, 우리는 현재 나 자신의 문제에 너무 몰두한 나머지 다 놓치고 있지는 않습니까? 하지만 지금 내가 서 있는 곳이 놀라운 곳이고, 지금 내가 만나고 있는 사람이 대단한 분입니다. 하나님의 시각으로 보면 모든 것이 놀랍고 신비합니다.

잠시 발걸음을 멈추고 주위를 둘러봅시다. 해돋이, 아침햇살, 새소리, 어린아이들의 웃음소리, 시장의 활기, 싱그러운 과일 등, 주변에 있는 일상의 경이로움을 발견하고 하나님을 찬양합시다. 우리들이 몸담고 있는 일상을 마음껏 사랑합시다.

1 매순간 감탄하는 일상

우리가 바로 지금 삶의 신비와 경이를 느끼지 않는다면, 내일, 모레, 언제 느낄 것입니까? 영성생활은 늘 하나님의 임재와 섭리 가운데 삶의 신비와 경이, 새로움과 아름다움을 느끼고 감탄하는 삶입니다. 당신은 일상의 삶 가운데 어떤 말을 가장 많이 사용하고 있습니까? 다음의 감탄사들을 연발하고 있습니까?

아름답습니다!   너무 좋아요!   재미있어요!   신납니다!

신기합니다!   믿기지가 않아요!   멋있어요!   대단합니다!

위의 감탄사를 연발하고 있다면 당신은 일상의 영성이 있는 사람입니다. "이 세상에서 부족한 것은 기적이 아니라, 감탄입니다"(G. K. 체스터턴).

일상의 신비와 경이

영성생활은 일상의 평범한 것들이 경이롭게 보일 때까지 영적으로 응시하는 생활입니다. 일상의 것들이 경이롭게 보일 때, 비로소 우리는 '눈감은 생활'에서 '눈 뜬 생활'로 바뀌게 되는 것입니다.

"하나님께 자신을 드린 이들의 삶은 언제나 신비롭습니다. 특별한 것이 전혀 없는 지극히 평범하고 당연하고 우연한 일 속에서도 특별한 기적의 선물을 받는 것입니다. 한없이 단순한 설교, 평범하기 짝이 없는 대화, 박학과는 거리가 먼 책, 이런 것들이 그들에게는 하나님의 뜻하심에 힘입어 지식과 지혜의 원천이 됩니다. 그들이 똑똑한 사람들의 발에 밟히는 부스러기까지 정성 들여 줍는 이유가 거기 있습니다. 그들에게는 모든 것이 소중하며 양분의 원천이 되기 때문입니다"(장 피에르 드 코사드).

평범한 일상사 가운데 임하시는 하나님의 손길은 우리가 삶의 속도를 늦추지 않으면 발견할 수가 없습니다. 하나님의 손길을 포착하려면 속도를 늦추고 천천히 걸어야 합니다. 그리고 세심히 관찰하고 묵상해야 합니다.

인생은 너무나도 짧다.
그리고 너무 성스럽다.
순간순간 최선을 다하고 싶다.
하나라도 놓치고 싶지 않다.

신비롭게 느껴질 때까지

주변의 평범한 일들이 신비롭게 느껴질 때까지 주님의 시각으로 응시합시다. 우리는 경이로운 자연뿐만 아니라, 일상의 평범한 것을 접할 때도 하나님의 존재와 신비를 느낄 수 있는 자리에게까지 나아가야 합니다. 이것이 영성생활입니다.

"예수님은 일상 속에서 경이로움을 발견하셨던 분이십니다. 종종 그분은 일상적인 것들을 언급하면서, 그것들이 더 넓은 진리를 보여준다고 지적하셨습니다. 그분은 들의 백합화를 집중해서 바라보시고, 그 꽃에서 인간을 향한 하나님의 보살핌을 깨달으셨습니다. 그분은 어린아이의 순진무구한 눈동자에서 참된 겸손과 진실됨을 보셨습니다. 그분은 또한 겨자씨, 밭 경작, 포도원, 집안일 등에 대해서도 언급하셨습니다. 그분에게는 분명 경이감을 느낄 역량이 있었습니다"(마이클 프로스트).

우리는 미래를 준비하는 일에 너무 열중하다보니, 현재의 중요성과 즐거움을 다 놓치고 있습니다. 현재의 시간을 즐기는 일에는 서툴기만 합니다. 현재 바로 이 시간, 마음을 하나님께 집중하며 숨소리를 들으며, 생명의 숨결을 느껴보십시오. 마음의 평화를 누리며 내가 지금 이 땅에 존재하고 있고 살아있는 경이감을 느끼십시오.

일상의 새로움

크리스천의 일상의 삶은 늘 새로움에 대한 설렘과 기대감으로 가득차야 합니다. 늘 새로운 만남과 사랑을 꿈꾸는 일상이 되어야 합니다.

우리 크리스천에게 있어서 하나님과의 만남이 날마다 새롭고, 섬기면 섬길수록 더 귀하고 놀랍다면, 이 보다 더 크고 복된 일이 어디 있을까요? 또 매일같이 접하는 배우자와 자녀 등, 일상의 사람들이 날마다 새롭다면, 우리는 정말 더할 나위 없이 감격스럽고 행복한 나날들을 보낼 수 있습니다.

마음을 하나님께 집중하는 영성생활은 일상의 모든 것에서 경이로움을 느끼게 합니다. 하나님의 시각으로 일상을 바라봄으로 늘 일상의 신비와 경이 속에서 주님께서 주시는 평화와 기쁨을 만끽하며 살아가는 것이 영성생활입니다.

Q 당신은 얼마나 감탄사를 연발하고 있습니까?

2 매순간 발견하는 일상

"항상 기뻐하라 쉬지 말고 기도하라 범사에 감사하라 이것이 그리스도 예수 안에서 너희를 향하신 하나님의 뜻이니라"(살전 5:16-18).
성경은 쾌락에 대해서는 경고하고 있지만 기쁨은 강조하고 있습니다. 영성생활을 사람들의 일상에서 기쁨을 빼앗아가는 어떤 고행(苦行)으로 생각해서는 안됩니다.
경건하게 살려고 애쓰는 사람들에게 흔히 일어나기 쉬운 현상 가운데 하나가 엄격성입니다. 융통성과 부드러운 인간미라고도 찾아보기 힘든, 딱딱한 사람으로 굳어지기 쉽습니다. 이는 잘못된 현상입니다.
경건한 사람은 활기와 열정이 흘러넘치고 재미있고 부드러운 사람이 되어야 합니다. 융통성이 있고 자유함이 있는 사람, 더 나아가 모든 사람에게 즐거움과 유쾌함을 주는 '분위기 메이커'가 되어야 합니다. 영성생활은 겉으로는 엄숙하게 보일지 몰라도 실제로는 끝없이 유쾌, 통쾌, 상쾌, 명쾌합니다.

일상의 기쁨
"주 안에서 항상 기뻐하라 내가 다시 말하노니 기뻐하라"(빌 4:4).
기쁨은 우리의 삶에 활력을 불어넣으며 창조력의 원동력입니다. 기쁨이 없이는 무슨 일이든 오래 지속할 수가 없습니다. 하나님의 기쁨이 우리의 힘입니다(느 8:10). 기쁨은 성령의 열매 가운데 하나입니다

(갈 5:22). 영성생활의 핵심 가운데 하나가 기뻐하는 생활입니다(빌 4:4). "현대인은 이해타산에 너무나도 눌려 있기 때문에 황홀한 축연의 즐거움을 거의 잃고 있습니다"(하비 콕스). 늘 긴장감과 염려로 가득 찬 현대인의 삶에는 하나님의 축복으로 자연 발생되는 기쁨이 상실되고 있습니다. 개그와 코미디와 같은 인위적인 기쁨이 그 자리를 대신하고 있습니다.

'기쁨의 날' 선포하기

일주일 가운데 하루를 '기쁨의 날'로 선포합시다. 하루의 생활을 기뻐하고 즐거워합시다. 그러한 가운데 다른 사람들을 즐겁게 해 줍시다. 가족을 비롯한 주위 사람들과 마음껏 웃읍시다.

요즈음 많은 한국인들이 만성적 우울증에 빠져 있습니다. 웃고 싶어도 웃을 일이 별로 없다고 합니다. 하지만 "항상 기뻐하라"(살전 5:16)는 말씀을 부여잡고 기뻐하기로 작정합시다. 마음의 즐거움을 선택합시다. 기뻐하며 살기를 결단합시다. 그러면 기쁨의 근원되시는 하나님께서 기뻐할 수 있는 능력을 부어주시는 것입니다.

일상의 감사

"여호와께 감사하라 그는 선하시며 그 인자하심이 영원함이로다"(시 136:1).

영성생활은 범사에 감사하는 삶입니다. 범사에 감사하는 삶은 매사가 잘 되기 때문에 가능한 것이 아니라, 하나님의 존재와 섭리 때문에 가능합니다. 즉 우리 크리스천은 살아계신 하나님께서 항상 우리와 함께하시고, 눈동자처럼 보호하시고, 선하게 인도하실 줄로 믿고 확신하기에 늘 감사하게 되는 것입니다.

크리스천은 어떠한 상황에서도 감사할 수 있어야 합니다. 어려움에 처해 있어도 감사의 조건을 찾아낼 수 있어야 합니다. 그리고 하나님께서 궁극적으로 선하게 인도해 주실 줄 믿기에 감사할 수 있는 것입니다. "모든 것이 합력하여 선을 이루느니라"(롬 8:28).

일상의 행복

현재 당신이 처한 곳에서 행복자가 되십시오. 인생에서 가장 중요한 장소는 '여기'(here)이고 인생의 최고의 순간은 '지금'(now)입니다. 지금 이 시간이 최고의 순간이 되게 하십시오. 삶은 원래 짐이 아닙니다. 삶이 짐이 된 것은 우리가 과거에 집착하고 미래에 매달려 있기 때문입니다. 오늘을 기뻐하고 내일을 염려하지 맙시다.

지금 행복하십시오. 당신이 있는 곳이 천국이 되게 하십시오. 당신은 매순간 어디서든지 진정 행복자로 살고 있습니까? 힘들고 어려운 일이 있습니까? 그럼에도 불구하고 행복하십시오. 자신이 가진 조그마한 것에도 감사하며 기뻐하는 법을 배우십시오. 우리는 어제 보다는 오늘, 오늘 보다는 내일 서로를 더 사랑하며 행복해야 합니다.

Q 당신은 매순간 기쁨과 감사와 행복을 발견하는 영성생활을 하고 있습니까?

3 주님의 일상의 영성

주님의 영성생활에는 늘 감동이 흘러넘칩니다. 주님의 메시지와 삶은 여전히 금세기 사회의 대안일 뿐만 아니라, 그 중요성이 날로 더욱 커지고 있습니다. 우리에게 희망을 주고, 우리로 하여금 꿈을 꾸게 하고, 우리의 눈을 열어 새로운 세계를 보게 합니다.

일상 중에 진주를 캐는 영성생활

주님은 따로 시간을 떼어내어 영성생활을 하시기보다는 일상생활 가운데 자연스럽게 영성생활을 하셨습니다. 주님은 일상 속에서 사소하게 발견되어지는 경험, 물건, 환경, 사람들을 의미 없이 그냥 지나치는 법이 없었습니다. 그분의 가르침의 소재는 일상에서 흔히 볼 수 있는 평범한 것들이었습니다. 동전 한 닢, 발아래 놓여 진 등불 등, 일상 속에서 발견되는 도구들 속에 감추어진 하나님의 비밀을 들추어내어 주위 사람들을 깨우쳤습니다.

마을 광장에서 피리를 불며 춤을 추는 어린이들, 장례식 모습, 포도주를 담는 부대 등을 통해 하나님의 마음이 어떠함을 우리에게 일러 주셨습니다. 주님처럼 일상생활 속에서 모든 것을 깊이 묵상하면 아무리 바쁜 생활 속에서도 영성생활을 할 수 있는 것입니다.

우리들 대부분은 다람쥐 쳇바퀴 도는 일상의 단조로움 속에서 삶의 활기를 잃고 지쳐 있습니다. "단조로운 일상은 우리를 지치게 하고 녹초로 만듭니다. 매일 똑같이 되풀이 되는 일상의 업무들과 끝도 없이 돌고 도는 쳇바퀴 속에서 대부분의 시간을 보내는 동안에는 좀체 하나님을 떠올리지 못하는 것이 크리스천이라는 우리의 현실입니다"(로렌스 형제). 현대인의 큰 문제는 바로 여기에 있습니다. 일상의 평범한 삶 속에서 항상 하나님의 임재를 느끼며 살면 얼마나 삶이 신날까요?

"예수님을 따르며 구원의 삶을 살아가는 동안, 우리는 일상적이고 평범한 길을 부인하거나 피하거나 경시하게 하는 여러 가지 유혹을 자주 받습니다. 우리는 기적이나 황홀경 혹은 번드르르한 초자연적 능력과시 등에 열을 내며 추구합니다. 이러한 영역을 처음 접한 사람들은 지금 얼마나 위험한 살얼음판을 걷고 있는지 깨닫지 못하지만, 여기에는 위험이 도사리고 있습니다. 물론 기적과 황홀경과 초자연적 능력 역시 명백히 그리스도인의 삶의 일부입니다. 하지만 그런 것들이 결코 인간됨으로부터의 도피처나 인간됨을 우회해 가는 지름길이 될 수는 없습니다"(유진 피터슨).

주님은 평범한 일상 가운데 숨겨진 진주를 발견하고 평범한 일을 기적으로 바꾸는 능력이 있었습니다. 그런 능력이 그대로 일상의 영성생활로 이어졌습니다.

자연을 관조(觀照)하는 영성생활

주님은 자연을 관조하는 습관을 가지셨습니다. 그리고 자연을 관조하며 하나님과 대화하는 법을 익히셨습니다. 들의 백합화와 공중의 새를 보시며 하나님의 섭리와 손길을 묵상하셨습니다. 겨자씨를 관찰하시면서 하나님의 깊은 진리를 깨우치셨습니다.

주님은 끊임없이 자연을 통해 자연의 주인 되시는 하나님을 만남으로 하나님을 의뢰하고 하나님을 찬양하는 눈을 열어 나가셨습니다. 주님처럼 자연을 관조하는 영성생활을 합시다. 그러한 가운데 일상과 자연의 주인이신 하나님을 만납시다.

하나님 중심의 단순한 삶

하나님 중심의 단순한 삶은 하나님의 뜻대로 사는 삶이요, 현재의 순간에 충실한 삶입니다. 주님은 해야 할 엄청난 일들이 산재해 있지만 결코 서두르지 않으셨고, 시간의 노예가 되지 않으셨고, 결코 숫자에 얽매이지 않으셨습니다. 주님은 하나님께서 결코 서두르지 않으신다는 것을 아시고, 그분도 그렇게 하셨습니다. 주님은 해결해야 할 수많은 문제들과 복잡한 인간관계 속에서도 참 자유인으로 사셨습니다. 이 놀라운 비밀은 어디에 있습니까? "진리를 알지니 진리가 너희를 자유하게 하리라"(요 8:32).

Q 주님의 영성생활 가운데 내가 특별히 본받고 실천해야 될 것은 무엇입니까?

그러면 우리는 어떻게 살 것인가?

1) 실천해야 할 삶 (나)

일상의 영성을 실천함으로 지금, 바로 이 순간이 가장 행복한 시간이 되게 합시다.

2) 나누어야 할 사역 (교회 공동체)

오늘을 사는 우리에게 일상의 영성이 얼마나 절실히 필요한지 주위 교인들과 서로 이야기해 봅시다.

3) 나누며 섬겨야 할 과제 (예비신자 오이코스)

주위 예비신자들과 '일상의 영성'을 주제로 대화하는 시간을 가져봅시다.

19코스 영성을 삶으로 꽃 피워라!

성경본문
 그런즉 누구든지 그리스도 안에 있으면 새로운 피조물이라 이전 것은 지나갔으니 보라 새것이 되었도다 고후 5:17

 현실에 안주하지 않고, 세상이 주는 하찮은 즐거움을 좇지 않고, 자기의 유익을 구하지 않는 이타적인 삶을 살수는 없을까요? 비록 무시당하고 좁고 외로운 길이라도 탁월성을 추구하는 최상의 삶을 살수는 없는 것일까요? 한마디로 삶이 예술이 되고 축제가 되는 멋지고 놀라운 삶을 살 수는 없을까요?

1 모든 일에 영성적 의미를 발견하라!

 영성생활의 능력은 사소한 것들의 가치발견입니다. 참된 영성은 세속(世俗)에서도 거룩함을 발견해 내는 힘이 있습니다. 주님은 빵과 포도주를 가지고 자신의 죽음을 기념하는 거룩한 성례를 만드셨습니다.

삶의 교과서
 지금 우리 현대인들은 "어떻게 살아야 하는가?" 재검토가 필요합니다. 바쁘게 살면 살수록 삶이 나아지는 것이 아니라, 피곤만 쌓입니다. 심신이 망가지고 있습니다. 그 결과 심각한 문제들이 발생되고 있습니다. 삶의 긴급 구조대가 필요합니다. 삶의 교과서가 있어야 합니다.
 "그냥 살아가는 것만으로는 충분하지 않습니다. 우리는 우리가 어떻게 살아가고 있는지를 알아야 합니다. 생각하지 않는 삶은 살 가치가 없습니다. 우리의 삶을 묵상하고 생각해보고 논의하고 평가하고,

그리고 삶에 대한 견해를 형성해가는 것은 인간의 본질에 속한 것입니다"(헨리 나우웬).

영성이 일상생활 속에 스며들어야 합니다

우리는 교회 예배당이나 수양관에서 걸을 때는 천천히 정중하게 걷습니다. 하지만 쇼핑센터, 정류장, 공항 등에서는 아주 빨리 분산하게 걷습니다. 어떻게 하면 우리는 분주한 쇼핑센터에서도 교회에서처럼 정중하게 걸으며, 하나님의 임재 속에 들어갈 수 있을까요?

우리는 교회 안이 아니더라도 일상생활 속에서 영성생활을 할 수 있어야 합니다. 그러면 영성이 일상생활 속에 스며듭니다. 그 결과 우리의 삶의 전 영역에 걸쳐 놀라운 변화가 일어납니다. 영성은 매순간 일상의 모든 행로에서 행해질 수 있는 것입니다.

'걷기' 영성생활

'걷기'는 마음과 몸을 함께 다스리는 매우 좋은 영성생활입니다. 마음에 갈등이 있고 화가 나거나 몸이 피곤하면 '걷기' 영성생활에 들어가십시오.

모든 곳이 다 '걷기' 영성생활의 장소가 될 수 있습니다. 동네의 근린공원, 향긋한 야생화가 만발한 들길, 숲속의 오솔길, 도심의 가로수길, 도시의 뒷골목 등, 어느 곳이나 영성의 길이 될 수 있습니다.

땅에 입맞춤을 하듯이 사뿐사뿐 걸읍시다. 온몸이 새로워지고 활기가 가득하기까지 걷고 또 걸읍시다. 당신의 발끝으로 하나님의 창조세계를 느껴보십시오. 모든 것이 자연스럽고도 즐거워지는 순간까지 걷고 또 걸읍시다.

'설거지' 영성생활

일반적으로 사람들은 설거지를 싫어합니다. 이는 설거지의 즐거움을 모르기 때문입니다. 이 시간 마음을 하나님께 집중하며 설거지하는 장면을 떠올려봅시다.

설거지가 당장 해치워야 하는 일이 아니라, 그 자체가 즐거움이 되어야 합니다. 우리는 식사 후, 빨리 해치워야 하는 일 중에 하나로 설거지를 하니깐, 설거지는 귀찮고 성가신 일일 따름입니다.

설거지를 하는 중에 물의 시원함과 따스함, 그릇이 깨끗해지는 과정을 즐깁시다. 당신의 마음가짐에 따라서 설거지가 가장 귀찮은 시간이 될 수도 있고, 가장 행복한 시간이 될 수도 있습니다.

'전화' 영성생활

전화 벨소리를 교회의 종소리로 생각하고 들읍시다(전화 벨소리를 교회 종소리로 바꾸면 더욱 좋습니다). 교회의 종소리를 듣는 것처럼 전화 벨소리를 듣는 중에 마음을 하나님께 집중하며 숨소리를 들으며 하나님의 임재 가운데 마음을 평화롭게 가다듬습니다.

전화벨이 세 번째 울릴 때까지 그렇게 할 수 있습니다. 그리고 긴장을 풀고 여유로운 마음가짐으로 전화를 받습니다. 그러면 상대방이 어떤 내용으로 전화하던, 당신이 좋은 분위기를 유도하며 주도적으로 전화통화를 할 수가 있습니다.

'운전과 신호등' 영성생활

빨리 목적지에 도착하기 위한 목적으로 운전하지 맙시다. 운전 자체를 즐기며 운전합시다. 그리고 운전시간을 기도시간으로 활용합시다. 운전 중에 종종 옆 사람과 대화 하듯이 하나님과 대화합시다.

중간에 끼워드는 운전자를 만나면 지금 집안에 급한 일이 발생하여 빨리 운전 할 수 밖에 없는 상황이 발생했을 수도 있다고 생각합시다. 상대방의 입장에서 모든 상황을 이해하도록 노력하자.

느리게 운전하는 운전자를 만나면 아마도 사랑하는 가족의 장례식을 이번 주에 치르고 삶의 모든 즐거움과 의욕을 상실한 채 느리게 운전할 수도 있다고 생각합시다.

신호등: 빨리 가기를 포기하면 붉은 신호등이 더 이상 당신의 방해 꾼이 아닙니다. 신호등으로 인해 차가 멈출 때마다 마음을 하나님께 집중하며 생명의 숨소리를 듣는 영성생활을 합시다. 그러한 가운데 하나님의 임재 가운데 마음의 평화를 얻으면 붉은색 신호등이 더 이상 적이 아니라 친구가 됩니다. 도시의 모든 신호등이 당신의 영성생활을 돕는 고마운 친구로 보이는 것입니다. 더 나아가 신호등 묵상을 통해 일을 시작할 때와 멈춤 때를 분별하는 훈련을 합시다.

Q 이번 주 중으로 '걷기' '설거지' '전화' '운전과 신호등' 영성생활을 실천합시다.

2 일상의 모든 것을 늘 묵상하라!

"성스러움이란 다분히 우리 일상의 평범한 순간 속에 숨어 있습니다. 일상의 순간 속에서 성스러운 것을 보려면 걸음을 늦추고 더욱 묵상하는 삶을 살아야 합니다"(켄 가이어).

영성의 일상화는 '일상의 삶'을 묵상함으로 실천할 수 있습니다. 일상의 삶을 조목조목 묵상하고, 그릇된 부분이 있다면 문제점을 발견하고 치유해서 올바른 생활로 다시 돌아갑시다. 자 이제 우리 일상의 삶을 살펴봅시다. 건성으로 돌아보지 말고 깊이 묵상합시다.

이른 아침에 기상, 식사, 부엌일, 출근, 운전, 근무, 점심, 교제, 퇴근, 취침 등, 일상의 삶 가운데 마음을 하나님께 집중하며 하나님의 임재를 체험하며 여유롭고 즐거운 시간을 갖고 있습니까? 남을 배려하며 따뜻하게 이웃을 돌보고 섬기는 그리스도의 향기가 배어나고 있습니까? 우리가 걸어가는 걸음걸음이 평화롭고 아름답습니까?

'일'(노동) 묵상

나는 어떤 모습으로 일을 하고 있습니까? 일을 전쟁 치르듯이 하지 맙시다. 일은 어떤 전투나 투쟁이 아니라 재미있는 놀이가 되어야 합니다. 그럴 때 우리는 즐거움으로 일에 전념할 수가 있습니다.

인생은 싫어하는 일을 계속할 만큼 길지가 않습니다. 인생은 어려운 일, 힘든 일만을 계속 해야만 하는 수련장은 아닙니다. 즐겁게 일해야 하는 곳입니다.

'나이 듦' 묵상

나이가 든다는 것은 속도를 늦추고 단순하게 산다는 것을 의미합니다. 단순한 삶은 하나님께 더 가까이 나아가서 친밀하게 교제할 수 있습니다. 게다가 여유로운 시간 속에서 현재의 순간을 음미하며 더 풍성한 삶을 살 수 있습니디.

나이 듦은 인생의 자연스러운 현상이요, 성숙의 한 과정입니다. 노년기의 주름진 얼굴과 흰머리는 지혜의 상징이요, 삶의 깊은 경륜을 보여줍니다.

ⓠ 우리는 이 시간 스스로 자문해 봅시다. "나는 제대로 나이 들고 있는가?" 위선의 껍데기를 벗고 순수한 마음으로 돌아갑시다.

3 일상의 삶이 예술이 되기까지!

매순간의 삶이 멋진 축제요, 놀라운 예술작품이 되어야 합니다. 훌륭한 예술작품과 같이 당신의 삶 속에 아름다움, 신비로움, 놀라움이 가득 차게 하십시오. 깊은 영성생활을 하다보면 자연스럽게 삶이 예술이 됩니다. 삶의 예술가가 되십시오.

깊은 영성생활은 삶을 예술로 만듭니다

영성은 삶에 신비와 경이, 아름다움과 활기를 더해주는 근원적인 씨앗입니다. 이 영성의 씨앗을 당신의 일상의 삶 속에 심어 싹을 틔우고 꽃을 피우십시오. 그러면 당신의 삶이 예술이 됩니다. 경이로움과 아름다움으로 가득 차게 됩니다.

우리 주위에는 아침이슬, 새롭게 돋아나는 새싹, 청명한 가을하늘, 향기로운 야생화, 쏟아지는 햇빛, 저녁노을, 밤에 빛나는 무수한 별들과 달, 어린아이의 미소 등, 경이로움과 아름다움으로 가득 차 있습니다. 우리 주위에는 그야말로 신비와 경이로움 그 자체입니다. 이런 신비와 아름다움 속에 흠뻑 빠져서 살다보면 어느 듯 우리 자신과 삶이 예술이 됩니다.

자연이 주는 영감과 감흥에 흠뻑 젖어보십시오. 인상파 화가들이 느꼈던 감흥을 그대로 느껴보십시오. 아름다운 자연이 주는 영감으로 인해 그들의 삶과 작품이 달라지듯이 당신의 인생이 달라지는 것을 경험하게 될 것입니다. 영성생활의 주요한 목적 중에 하나는 하나님의 시각으로 바라봄으로 무미건조한 무채색의 세상을 찬란한 유채색의 세상으로 바꾸는 것입니다.

하나님께서 날마다 우리에게 보내시는 셀 수 없이 많은 눈길, 그 눈길을 알아볼 눈이 우리에게 있습니까? 하나님의 창조세계 가운데 하나님이 우리에게 보내는 눈길을 날마다 포착하는 영성생활을 합시다. "오 신실하신 주, 날마다 자비를 베푸시니... 아침마다 새롭고, 늘 새로우니..."

Q 당신의 삶은 전쟁입니까? 예술입니까?

그러면 우리는 어떻게 살 것인가?

1) 실천해야 할 삶 (나)

이번 주에 시간을 내서 외출을 합시다. 시장도 좋고, 공원도 좋고, 시골도 좋고, 어디든 좋습니다. 혼자 오솔길을 걸어도 좋고, 카페에서 누구를 만나든 상관없습니다. 어디에서 누구를 만나든, 무엇을 하든, 감동을 주지 않는 순간이 있나 보십시오. 살아 있다는 것, 그 자체가 감동입니다. 매사에 늘 감동을 느껴보는 한 주간이 됩시다.

2) 나누어야 할 사역 (교회 공동체)

삶이 예술이 되는 영성생활에 대해 주위 교인들과 나누어 봅시다.

3) 나누며 섬겨야 할 과제 (예비신자 오이코스)

일상의 모든 평범한 일 가운데 영성적 의미를 발견하고, 항상 기뻐하고 즐거워하는 영성생활을 예비신자들에게 소개합시다.

7단계 세속화를 이기고 열매 맺는 영성생활

금세기에 어떤 영성생활이 부각되고 있습니까?

마지막 시대의 교회는 더욱더 거세게 밀려오는 세속화와 하나님을 거슬리는 각종 악습과 싸워서 하나님의 나라를 바로 세워 나아가기 위해 전투적인 영성이 부각되고 있습니다. 우리는 과감하게 세상에 맞서서 '아니오'하고 외칠 수 있는 도전적인 영성이 있어야 합니다. 세속적 대중문화를 멀리하기 위해 과감하게 플러그를 뽑는 영성이 필요합니다.

오늘날 우리 크리스천은 세상의 온갖 달콤한 유혹에 무너지는 것이 아니라, 오히려 세상의 소금과 빛이 되어, 세상을 바로 세우기 위해 예수 그리스도의 영성으로 단단히 무장해야 합니다. 시대의 유혹을 이기고 시대의 아픔을 껴안는 영성생활을 합시다.

우리는 자유하다 (요 8:32)

우리는 그리스도 안에서 자유로운 존재이다. 먼저 죄와 사망으로부터 자유하다. 그리고 과거로부터 자유하다. 모든 염려와 불안으로부터 자유하다. 모든 고통과 상처로부터 자유하다. 모든 악습과 저주로부터 자유하다. 모든 중독과 탐닉으로부터 자유하다.

7단계 세속화를 이기고 열매 맺는 영성생활

20코스 죄와 대중문화로부터 자유하기
21코스 플러그 뽑기 영성생활
22코스 영성생활 건강검진과 영적 성장

20코스 죄와 대중문화로부터 자유하기

성경본문

그러므로 아들이 너희를 자유롭게 하면 너희가 참으로 자유로우리라

요 8:36

기독교는 인류 역사상 가장 오래된 전통을 가진 종교입니다. 기독교가 전통적으로 인류에게 공헌한 점은 죄와 죽음, 어두운 권세와 불법, 각종 악습과 미신, 세속적인 문화와 각종 중독 등으로부터 해방입니다. 우리 크리스천은 그리스도 안에서 자유로운 존재입니다. 다시는 죄의 종노릇을 하지 맙시다.

주님께서 죽음의 세력을 물리치시고 승리하셨기에 어둠의 세력은 이제 그 지배력을 잃었습니다. 우리가 이 사실을 온전히 받아들이고 확신하는 날, 우리는 온갖 염려와 불안에서 벗어나 삶의 평안과 기쁨을 온전히 누릴 수 있습니다. 기독교는 확신의 종교입니다. 확신을 가지고 담대히 나아갑시다.

1 '죄와 대중문화' 이해하기

우리 크리스천은 머리가 세 개 달린 커다란 용과 늘 가까이서 살고 있습니다. 세 개의 용머리는 육체의 정욕과 세속적 대중문화, 그리고 사탄입니다. 이 용은 우리를 삼키려고 날마다 으르렁거리며 우리 주변을 배회하고 있습니다. "근신하라 깨어라 너희 대적 마귀가 우는 사자 같이 두루 다니며 삼킬 자를 찾나니 너희는 믿음을 굳건하게 하여 그를 대적하라"(벧전 5:8-9). 우리는 이 괴물과 싸워야 합니다. 날마다 영적 전투를 벌려야 합니다. 이 싸움은 불가피합니다. 본향으로

돌아가는 그날까지 싸워야 합니다. 어떤 신학자에 의하면 "기독교는 그 시작부터 싸우는 종교입니다." 사탄, 육체의 정욕, 세상의 죄악, 악습, 불의, 세속문화와 싸우는 종교입니다.

오늘날 우리 기독교가 싸워야 하는 최고의 적은 세속적 대중문화입니다. 가장 위협적인 적은 우리 주변에 도사리고 있는 법입니다. 대중문화는 우리와 함께하는 내부의 적입니다. 우리 각자의 내면에 자리 잡고 있는 적입니다. 매일같이 함께하는 일상의 적입니다. 우리에게 바짝 달라붙어 있는 적입니다.

세속적 대중문화에 중독된 현대인

오늘날 교회는 세상에 안착함으로 초대교회의 순례의 영성을 상실하였고, 급기야 거대한 세속화의 물결에 휩싸였습니다. 현재 세속화는 대중문화라는 비장의 무기를 통해 기독교의 목을 조여오고 있습니다. 대중문화에 중독되면 이 땅에서 우리 교회가 수행해야 할 사명(mission)을 상실합니다. 이것이 가장 심각한 문제점입니다.

오늘날 기독교와 대중문화는 서로 공존할 수 있는 관계가 아니라, 어느 하나가 정복하지 않으면 먹히는 관계입니다. 실로 이 대중문화는 영성생활의 가장 큰 장애물 중 하나입니다. 지극히 감각적인 대중문화는 크리스천의 영성을 마비시키고 크리스천들을 화석화시키는 장본인이기 때문입니다. 영적 탈진을 가져오는 대중문화는 현대인을 파멸로 몰아넣을 수도 있는 아주 위험한 것입니다.

대중문화는 우리의 젊은이들을 세상이라는 나일 강에 던져 넣고 있습니다. 사실 오늘날처럼 사람들의 눈과 귀를 어지럽히는 유혹물이 많았던 적은 일찍이 없었습니다. 금세기 대중문화의 유혹은 더욱 거세게 일어날 것으로 예상됩니다.

3S의 대중문화

흔히 현대를 3S(Screen, Sex, Sports) 시대라고 부르는데 이것은 현대 대중문화의 주된 내용물이거나 부산물입니다. 환호하는 대중문화의 이면에는 절망의 심연이 도사리고 있습니다. 이는 동전의 양면과도 같이 동반적입니다. 오늘날의 대중문화는 목적과 가치의 상실, 공허감, 권태감, 외로움, 소외감, 우울감, 인간관계의 모호성, 우정과 친밀함의 결핍, 깨어진 인간관계, 자신을 무용지물로 깊이 자학하는 감정 등으로 수많은 현대인의 가슴을 멍들게 할 것입니다. 결과적으로 도덕적이고도 영적인 대공황을 초래할 것입니다.

그러면 해결책은 무엇입니까?

현실적으로 우리의 딜레마는 이 세상에 발을 붙이고 사는 이상 대중문화를 떠나 살 수는 없다는 것입니다. 매일같이 대중문화 속에서 살 수 밖에 없으면서도 대중문화에 빠져서는 안된다는 것, 이는 오늘을 사는 우리 크리스천들의 큰 갈등이 아닐 수 없습니다. 그렇다면 해결책은 없는 것일까요? 우리 크리스천의 보다 심각한 문제는 어디서 그 해결책을 찾아야 할지 모르는 채로 점점 빠져들고 있다는 것입니다. 이 시대 대중문화의 유혹의 집중 포화로부터 어떻게 벗어날 수 있을까요?

대중문화 빠져 화석화되어 무기력한 삶을 살지 않는 가장 좋은 방법 중 하나는 큰 꿈과 비전을 소유하는 것입니다. 날마다 꿈을 꾸는 비전의 사람이 되는 것입니다. 꿈을 소유한 자는 세상의 하찮은 즐거움에 빠지지 않고 이 시대를 치유하고 새로운 희망을 심어 줄 수 있습니다. 더 나아가 꿈은 역사의 원동력이기 때문에 꿈을 소유한 사람만이 역사를 주도해나가고 세계를 이끌 수 있습니다.

Q 당신은 3S의 대중문화에 중독된 크리스천은 아닙니까?

2 죄와 대중문화를 이기는 영성생활

"또한 너희 지체를 불의의 무기로 죄에게 내주지 말고 오직 너희 자신을 죽은 자 가운데서 다시 살아난 자 같이 하나님께 드리며 너희 지체를 의의 무기로 하나님께 드리라"(롬 6:13).

기독교 영성생활은 대중문화에 중독(中毒)된 현대인들을 대중문화로부터 벗어나게 할 것입니다. 우리 모두는 날마다 죄와 대중문화로부터 깨끗하게 되는 과정이 필요합니다. 우리의 입술이 정결하게 하는 불에 닿을 필요가 있습니다(사 6:6). 이 과정이 영성생활입니다. 그리고 영성생활은 죄와 대중문화로부터 가장 안전한 인큐베이터입니다.

기독교 영성생활이 금세기 대중문화를 이기는 힘입니다. 영성생활은 오늘날의 분주한 사회에서 지치지 않고 힘차게 살아가게 하는 생명력입니다. 현대인의 마음을 지키는 근원적인 힘입니다.

세속적 대중문화를 넘어서서 크리스천의 바른 영성과 생활양식을 정립합시다

"그런즉 너희가 어떻게 행할지를 자세히 주의하여 지혜없는 자 같이 하지 말고 오직 오직 지혜있는 자 같이 하여 세월을 아끼라 때가 악하니라. 그러므로 어리석은 자가 되지 말고 주의 뜻이 무엇인가 이해하라"(엡 5:15-17).

금세기에 접어들어 3S의 대중문화가 너울거립니다. 대중문화가 디지털 영상문화와 장단을 맞추어 춤을 추고 있습니다.

물질적 풍요와 감각적 쾌락을 두 축으로 급속하게 돌아가는 현대문명 속에서 우리는 세상 속에서의 크리스천의 삶이 무엇을 의미하는지 깊이 생각해야 합니다. 크리스천으로서 우리는 오늘날 이와 같은 세태를 결코 방관할 수 없습니다. 이러한 세태가 어디에서 시작되어 어디로 흘러갑니까?

한편 오늘날 기독교 윤리가 날로 퇴색되고 있습니다. 자본주의 문화 속에서 소비에 맛을 들인 현대인들은 점점 더 순간의 쾌락에 빠져들고 있습니다. 대중문화는 현대인의 마약입니다. 근검절약과 겸손한 태도 대신에 자기과시적인 태도로 돌변합니다. 대중문화 속에서 영성을 상실한 크리스천들은 자기파괴를 거듭하고 있습니다.

하나님께 집중하는 영성생활

하나님께 푹 빠지십시오. 그러면 죄와 대중문화로부터 자유하게 될 것입니다. 아직도 대중문화에 빠져 있습니까? 그 이유는 하나님께 덜 빠져서 그렇습니다. 하나님께 완전히 푹 빠지고, 그 나머지는 마음대로 하십시오.

하나님께 푹 빠진 대표적인 인물이 다윗입니다. "다윗은 하나님을 믿었고 하나님을 생각했으며 하나님을 상상했고 하나님의 이름을 불렀으며 하나님께 기도했습니다. 다윗의 실존의 가장 커다란 부분을 차지하는 것은 다윗 자신이 아니라 하나님이었습니다"(유진 피터슨).

Q 세속적 대중문화를 이기기 위해 최선의 길은 무엇입니까?

3 일상 가운데 하나님과 동행하는 영성

죄와 대중문화에 휩싸이지 않으려면 평범한 일상생활 가운데 하나님과 동행하는 영성이 약동하게 하십시오. 그대표적인 예가 창세기 5장의 에녹의 영성생활입니다. 그의 생애는 특별한 기적과 업적은 없습니다. 그저 자녀를 낳고 기르며 평범하게 살았을 뿐입니다.

그러나 죄가 관영한 시대에 태어나 철저하게 하나님과 동행하는 삶을 살았던 것입니다. 하나님의 허리띠를 꽉 붙들고 살았습니다. "하나님과 동행하다"란 말은 시종일관 지속적으로 하나님의 말씀대로 사는 영성생활을 말합니다(창 6:9; 미 6:8 참조). 에녹의 영성생활은 비록

이 땅에 사단의 권세와 죄악이 가득하지만 그래도 우리는 얼마든지 하나님의 말씀대로 정결하게 살므로 하나님과 동행하는 삶을 살 수 있다는 희망을 보여줍니다. "에녹이 하나님과 동행하더니 하나님이 그를 데려가시므로 세상에 있지 아니하였더라"(창 5:24).

크리스천의 삶이란 모름지기 온전하고 충만한 삶입니다. 온전하고 충만한 삶이란 하나님과 관계 맺는 삶이요, 하나님과 관계 맺는 삶이란 기도와 말씀 속에 거하는 삶이요, 일상의 평범함 속에서 열매 맺는 삶입니다. 일상 속에 숨어있는 기적을 발견하고 진주를 캐십시오.

죄와 회개, 그리고 새 생활

아담 이후, 우리 인간은 하나님의 영광을 구하는 것이 아니라, 우리의 영광과 즐거움을 구하기에 온갖 각종 죄악 된 모습으로 살아가고 있는 것입니다. 그로인해 우리의 모습은 비참한 지경에 이르게 되었습니다. "모든 사람이 죄를 범하였으매 하나님의 영광에 이르지 못하더니"(롬 3:23).

하지만 진실로 회개하면 우리는 죄를 용서받고 죄에서 자유함을 얻습니다(롬 6:17-18). 모든 유혹과 죄를 주님께 온전히 고백하고 맡길 때, 우리는 그 분의 이름과 능력으로 모두 해결 받을 수 있습니다. 그로인해 우리의 삶 속에서 하나님의 능력을 경험하며 하나님을 찬양하게 될 것입니다. "하나님이여 내 속에 정한 마음을 창조하시고 내 안에 정직한 영을 새롭게 하소서"(시 51:10).

아버지는 회개하고 돌아오는 탕자를 기쁘시게 받아들이셨습니다(눅 15:11-24). 우리는 아버지 품에 안긴 탕자처럼 자유로운 존재이다. 아버지께서 기뻐하시는 존재입니다. 다시는 사탄과 죄의 종노릇하지 맙시다. 우리 크리스천은 그리스도 안에서 자유로운 존재입니다. "하나님을 따라 의와 진리의 거룩함으로 지으심을 받은 새사람을 입으라"(엡 4:24).

우리 시대의 파수꾼

오늘날 우리 크리스천은 대중문화라는 거대한 메커니즘 속에 던져져 방향감각을 잃고 방황하는 현대인들을 올바른 길로 인도하는 안내자와 파수꾼의 역할을 기꺼이 감당해야 하지 않을까요? 우리는 이 시대의 파수꾼이 되어 벼랑 끝으로 떨어지는 영혼들을 구원해야 하지 않을까요?

"나는 늘 넓은 호밀밭에서 재미있게 노는 꼬마들의 모습을 상상하곤 했어. 난 아득한 절벽 옆에 서 있어. 내가 할 일은 아이들이 절벽으로 덜어질 것 같으면 재빨리 잡는 거야....말하자면 호밀밭의 파수꾼이 되고 싶다고나 할까"(J. D. 샐린저의 <호밀밭의 파수꾼>에서).

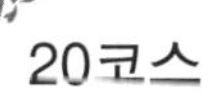 당신은 이 시대의 파수꾼의 역할을 감당할 준비가 되어 있습니까?

20코스
그러면 우리는 어떻게 살 것인가?

1) 실천해야 할 삶 (나)
당신은 세속적 대중문화(3S)에 중독되어 있지는 않습니까? 해독제는 영성생활입니다. 하나님께만 집중하고 하나님과 동행하는 영성생활을 합시다. 영성생활을 통해 대중문화, 즉 스크린(Screen), 성(Sex), 스포츠(Sports)의 중독증에서 벗어납시다.

2) 나누어야 할 사역 (교회 공동체)
죄와 대중문화로부터 자유하기 위해서 '하나님께만 집중하는 영성생활'에 관한 대화를 나누십시오. 주위 교인들을 대상으로 3S 벗어나기 캠페인을 벌입시다.

3) 나누고 섬겨야 할 과제 (예비신자 오이코스)
예비신자들에게 대중문화(3S)의 위험성과 중독성을 알려주고, 영성생활을 통해 대중문화의 중독에서 벗어나는 길을 소개합시다.

21코스 풀러그 뽑기 영성생활 : 시간을 낭비하지 말라

성경본문
그런즉 너희가 어떻게 행할지를 자세히 주의하여 지혜 없는 자 같이 하지 말고 오직 지혜 있는 자 같이 하여 세월을 아끼라 때가 악하니라 엡 5:15-16

영성생활은 초조함과 분주함에서 벗어나 정말 소중한 일을 하게 합니다. 영성생활을 하기 위해서는 먼저 삶을 단순화해야 합니다. 하나님께 집중하지 못하게 하는 모든 것을 제거합시다. 지금 과감하게 플러그를 뽑읍시다.

"대다수의 사치품들, 우리가 흔히 '문명의 이기'라 부르는 것들 대부분은 불필요할 뿐 아니라, 오히려 인간의 숭고함에 큰 장애가 됩니다. 이기와 사치품을 놓고 말하자면, 일찍이 현자들은 가난한 자들보다 더 단순하고 검소하게 살았습니다... 스스로 선택한 맑은 가난, 곧 우리가 청빈이라 부르는 자리에 서지 않고는 누구도 인간 삶을 공정하고 지혜롭게 바라볼 수 없습니다"(소로우).

1 소중한 일을 하기 위해 대중매체를 멀리하기

구약시대의 영적 혼란기에 '잇사갈의 자손'으로 알려진 무리가 있었습니다. 그들은 그 시대의 상황과 흐름을 바르게 분별하고, 하나님의 백성이 마땅히 가야할 길을 올바르게 걸어갔습니다(대상 12장 참조). 우리 시대에도 이러한 삶의 자세가 절실히 요구됩니다. 우리는 이 시대를 미혹하는 대중문화의 정체와 심각성을 알고, 이러한 상황에서 어떻게 살 것인가를 결단하고, 하나님의 백성으로서 올바르게 나아가야 합니다.

삶의 우선순위를 분명히 하라!

<타임>지에 따르면 우리는 지금 '시간 기근' 시대에 살고 있습니다. 일상의 모든 일은 그 속도가 점점 빨라지고 있기 때문에 제자리만 유지하려고 해도 점점 더 빨리 달리지 않으면 안됩니다. 가속화되고 있는 속도감은 현대인에게 위기감과 스트레스를 가중시키고 있는 실정입니다.

"살아 있는 동안은 우리는 언제나 시간이 없습니다." 이 말은 어느 정도까지는 진실입니다. 시간의 우선순위를 선명하게 긋지 않는 한 진실입니다. 삶의 우선순위는 곧 단순성의 문제입니다. '늘 급하게 쫓기는 삶'에서 벗어나 '조화로운 삶'을 찾고자 하는 몸부림입니다. 이는 자신을 온전히 하나님께만 드리고자 하는 열망입니다.

"삶의 우선수위를 분명히 한다는 것은 '거룩한 중심'을 가지고 산다는 것을 의미합니다"(토머스 캘리). 이는 '먼저 그의 나라와 의'를 구하며 사는 것이요(마 6:33), 영적 질서를 회복하는 삶입니나. 이는 세속의 피상적인 삶에서 눈을 떼어 내면의 깊이 있는 삶을 추구하는 것입니다.

대다수의 현대인은 시간병에 고통당하고 있습니다. 그들은 늘 급한 일에 쫓겨 서두르며 살아갑니다. 이러한 습성이 깊이 뿌리를 내림으로써 우리는 조급증 환자가 되어버렸습니다. 이러한 현대인의 고질병을 어떻게 치유할 것입니까?

세상 안에서 광야생활하기

초기 기독교 시대, 사막의 교부들은 삼구(三仇), 즉 세상, 육체, 사탄과 싸우기 위해 세상을 떠나 사막의 고요와 침묵 속으로 들어갔습니다. 그들은 내면생활에 무가치한 것들을 모두 버리고 침묵 속에서 말씀묵상과 기도에 전념하였습니다.

고요와 침묵 속에 있을 때, 우리는 흔히 삶이 단순해지고 깊어지는 것을 체험합니다. 사람들은 침묵 속에서 며칠을 보내고 난 후, 자신이 좀 더 자신다워지고 정리되고 자연스러워진 것을 느낍니다. 침묵 속에서 우리는 하나님과 근본적인 것들을 대면합니다.

대중문화의 영향력에서 벗어나기 위해 우리 크리스천은 분주한 일
상 속에서도 광야를 마련하여 "나는 누구인가? 왜 사는가? 어떻게
살 것인가?" 등, 자신의 정체성과 인생의 방향을 잡아주는 근원적인
질문을 끊임없이 해야 합니다. 주위 환경이 주는 환락에 완전히 압
도되어 쾌락만 좇아가기보다는, 도리어 그러한 환경을 하나님의 영역
으로 바꾸는 도전적인 영성을 길러야 합니다.

Q 당신은 분주한 일상의 삶 가운데 고요와 침묵의 시간을 마련하
고 말씀묵상과 기도생활을 하고 있습니까?

2 내면의 안식처 마련하기

현대생활의 빠른 속도는 늘 긴장 가운데 살게 만듭니다. 우리의 생
각과 마음에 안식이 없습니다. 이러한 긴장과 생활패턴은 건전한 정
신습관을 어렵게 만듭니다. "나는 인간의 모든 불행이 한 가지 사실,
즉 자기 방에서 조용히 머물러 있지 못하는 데서 비롯된다는 것을
깨달았습니다"(파스칼). 그래서 우리의 마음이 가끔 쉴 수 있는 내면
의 안식처를 마련해야 합니다.
현대인의 내면세계는 격렬한 전쟁터 중에 하나입니다. 내면세계의
질서와 조화, 그리고 안식을 위해 기도합시다. 너무 바빠서 당신의
삶이 황무지가 되지 않도록 기도하십시오.
내 속의 영이 쉼을 얻을 때 내면세계도 평안할 수 있습니다. 내면세
계에 필요한 휴식을 위한 시간을 확보하는 것을 결코 멈추지 맙시다.
비록 우리는 오염된 세상에 살고 있지만, 내면의 음성을 들을 수 있
는 은혜는 주어져 있습니다. 이 은혜를 놓치지 맙시다.

'침묵의 방'에서 자신을 치유하기

거짓과 폭력이 낭자한 비도덕적 TV, 인터넷, 드라마, 영화, 음악 등, 대중문화에 심취해 있으면, 결국 우리도 그 대중문화의 내용처럼 살아가게 됩니다. 이제는 모든 플러그를 뽑고 대중문화에서 벗어나 마음을 하나님께 집중하며 고요와 침묵의 시간을 가져봅시다.

오늘날 대중매체를 통해 우리의 삶 속에 무차별적으로 세상의 독소가 스며듭니다. 더 이상 방치하면 안됩니다. 세상의 독소를 제거합시다. 일단 단 하루 만이라도 대중매체를 멀리하고 홀로 있어 침묵하는 시간을 가져봅시다.

무한경쟁과 급변의 시대를 살아가는 현대인은 날마다 예상치 못한 돌발 상황에 당혹해 하며, 크고 작은 상처를 입고 살아갑니다. 그때마다 현대인의 마음에는 좌절감, 분노와 증오심, 질투 등의 격한 감정이 일어납니다. 이때 감정처리를 어떻게 해야 합니까?

침묵은 치유의 시작입니다. 침묵의 방을 마련합시다. 시골의 헛간이나 아파트의 작은 방 등, 조용한 공간이면 침묵의 방이 될 수 있습니다. 침묵의 방에서는 어느 누구를 의식할 필요가 없이 철저히 하나님의 임재 가운데 자신과 만나는 시간입니다.

어떤 가정은 집안 한구석에 <침묵의 의자>를 마련해 놓았습니다. 그 의자에 앉아 있으면 가족 누구도 간섭하지 않고 혼자 있도록 배려합니다. 그러면 혼자 침묵 속에서 묵상의 시간을 가질 수 있습니다.

자녀들이 학교 가기 전에 침묵의 의자에 앉아 5분 정도 마음을 가다듬고 학교에 가도록 하는 것도 좋을 것입니다. 요즈음 아이들은 너무 분산하고 세속적 대중문화에 중독되어 있기에 이런 시간이 절대적으로 필요합니다. 침묵의 의자는 해독제 역할을 할 것입니다. 이것이 습관화되면 자녀의 미래가 바뀔 것입니다.

'침묵의 날' 지키기

일주일 가운데 하루를 침묵의 날로 지킵시다. TV, 라디오, 인터넷, 신문 등, 대중매체를 멀리하고 침묵 속에서 하나님과 깊이 교제하는 시간을 가져봅시다.

  침묵의 시간을 통해 우리는 삶의 본질과 가치를 회복합시다. 고요
와 침묵 중에 우리의 삶을 성찰하면, 정말 중요한 것은 하는 일이 아
니라, 함께 일하는 사람들이라는 것을 깨닫게 됩니다. 이것을 알아차
리려면 걸음을 멈추고 눈을 감고 침묵 속으로 들어가야 합니다. 이
세상에서 가장 소중한 것 중에 하나는 나를 에워싸고 있는 가족과
이웃과 그리고 그들과의 관계입니다.

Q 왜 우리는 플러그를 뽑고 고요와 침묵 속에서 내면의 안식이
   필요합니까?

3 세속적 대중문화를 떠나 자연으로 나아갑시다

  오늘날 세속족 대중문화로 인한 번잡함과 조급함이 영성을 마비시
키고, 현대인을 기계의 부품으로 전락시킵니다. 현대인은 조용히 하
나님과 독대할 수 있는 시간적인 여유가 없습니다. 그러므로 하나님
과 남남이 되었습니다. 하나님을 떠난 현대인은 끊임없는 공허함에
시달립니다. 오늘날 목회자조차도 바쁘게 하나님을 섬기다보니, 아이
러니하게도 하나님과 교제하는 시간을 잃어 하나님과 남남이 되었
습니다. 오늘날 우리 모두는 대중문화에 밀려 하나님과 대화하는 시
간도 없을 만큼 바쁘게 살고 있지는 않습니까?
  과거에는 시끄러운 분위기는 어색하고 조용한 분위기가 당연하였습
니다. 하지만 오늘날은 조용히 가만히 있으면 불편하고, 정신없이 바
쁘게 뛰어다니는 삶이 오히려 자연스러운 시대가 되었습니다. 이제
우리는 번잡함과 조급함에서 벗어나야 합니다. 조용히 침묵하는 가
운데 영성을 회복하고 하나님을 만나는 시간이 필요합니다. "너희는
가만히 있어 내가 하나님 됨을 알지어다"(시 46:10).

이제 우리는 삶의 속도를 늦추고 여유를 가지고 주변을 돌아봅시다. 우리 안에 하나님을 위한 공간을 마련합시다. 그 공간은 우리의 삶에 생기를 불어넣는 영적 환기통입니다.

대자연 속에서 느리게 사는 삶

현대인은 침묵과 느림과는 동떨어진 삶을 살고 있습니다. 그로인해 현대인은 늘 정서불안과 조급증에 시달리고 있습니다. 자연 속에서 침묵과 느림의 시간은 현대인을 치유하는 필수적인 영성생활입니다.

게다가 심신이 사색을 통한 즐거움을 맘껏 누리기 위해서는 자연 속에서 느리게 살아야 합니다. 숲속에서 천천히 걸으며 산책을 즐깁시다. 걷다가 잠시 발걸음을 멈추고 꽃향기를 맡아봅시다. 그 꽃향기에 흠뻑 취합시다. 주변의 나무, 풀잎, 바람 등, 자연과 소통하며 계절의 흐름을 즐깁시다. 과거를 뒤로하고 새로움을 기대하며 미래를 꿈꾸십시다. 걸으면서 자신이 얼마나 행복한 존재인지를 느끼십시다. 현재의 그 기쁨을 누립시다. 그리고 스스로 물읍시다. "인생의 행복은 어디에서 오는가?"

"현대의 도시생활은 무조건 빨리 뛰라고만 강요하고 있습니다. 그러나 하나의 작은 경험이라도 천천히, 깊이 음미하면 더 큰 만족감과 즐거움을 느낄 수 있을 것입니다. 결국 느림이란 외부로부터 강요된 속도가 아니라, 자신의 속도로 움직이는 것을 말합니다"(피에르 상소).

Q 이번 주말에는 야외로 나아가 자연 속에서 고요와 침묵 속에서 하루를 보내는 시간을 마련합시다.

그러면 우리는 어떻게 살 것인가?

1) 실천해야 할 삶 (나)

단 하루만이라도 모든 플러그를 뽑고 가족과 이웃들과 대화하는 시간을 가져봅시다. TV시청이나 인터넷 사용을 금지합시다. 고요와 침묵 속에 홀로 거하며 말씀묵상과 기도, 그리고 가족들과 대화하는 시간을 가져봅시다.

2) 나누어야 할 사역 (교회 공동체)

교인들과 야외에 나아가 자연 속에서 <영성의 산책> 시간을 가져봅시다.

3) 나누고 섬겨야 할 과제 (예비신자 오이코스)

예비신자들과 함께 "어떻게 하면 소중한 일을 하기 위하여 시간을 아낄 수 있는가?"에 대해 대화를 나누는 가운데 기독교 영성생활을 소개합시다.

22코스 영성생활 건강검진과 영적 성장

성경본문

우리가 다 하나님의 아들을 믿는 것과 아는 일에 하나가 되어 온전한 사람을 이루어 그리스도의 장성한 분량이 충만한 데까지 이르리니

엡 4:13

어떤 이들에게는 영성생활이 전혀 이해가 되지 않는 뜬 구름 잡는 이야기가 될 수도 있습니다. 즉 세상에 깊이 빠져 세속적인 것에만 온 마음이 쏠려 있는 자들에게 있어 영성은 무가치한 것이 될 수도 있습니다. 하지만 크리스천에게 있어서 영성생활의 중요성은 이루 말로 표현할 수가 없습니다.

당신의 영성생활은 안녕하십니까?

여기서 우리의 영성생활의 건강상태를 점검하는 시간을 가져봅시다. 진단이 중요합니다. 의사가 환자를 치료하는데 있어서 진단이 정확하면 처방은 저절로 뒤따르듯, 영적 침체의 원인이 정확히 파악되면, 영적 회복을 위한 처방은 저절로 나오는 것입니다.

1 영적 침체

자신의 영성생활의 건강상태를 점검합시다. 성경은 여러 번에 걸쳐 영적 건강상태를 검진하라고 이야기하고 있습니다(애 3:40; 고전 11:28, 31, 13:5, 갈 6:4). 영적 건강상태를 점검하는 것은 매우 중요한 생활습관입니다. 나의 영성생활은 침체되어 있습니까? 성장하고 있습니까? "우리가 스스로 우리의 행위들을 조사하고 여호와께로 돌아가자"(애 3:40).

나는 지금 영적 침체 가운데 있는 것은 아닙니까? 성경의 인물들도 영적 침체를 경험했습니다. 그 대표적인 인물이 욥입니다. 욥은 고난이 지속되자 하나님의 부재 가운데 엄청난 영적 침체를 경험했습니다. "그런데 내가 앞으로 가도 그가 아니 계시고 뒤로 가도 보이지 아니하며 그가 왼쪽에서 일하시나 내가 만날 수 없고 그가 오른쪽으로 돌이키시나 뵈올 수 없구나"(욥 23:8-9).

다윗은 종종 하나님의 부재와 영적 침체로 인해 큰 고통을 겪었습니다. "여호와여 어찌하여 멀리 서시며 어찌하여 환난 때에 숨으시나이까"(시 10:1). "내 하나님이여 내 하나님이여 어찌 나를 버리셨나이까 어찌 나를 멀리 하여 돕지 아니하시오며 내 신음 소리를 듣지 아니하시나이까"(시 22:1). "어찌하여 나를 버리셨나이까"(시 43:2).

위에서 욥과 다윗이 경험했던 하나님이 멀리 느껴지는 영적 침체기를 십자가의 요한은 '영혼의 어둔 밤'으로, A.W. 토저는 '밤의 사역'으로, 헨리 나우웬은 '부재의 사역'으로 각각 표현했습니다.

영적 침체가 오는 두 가지 원인

도대체 무엇이 문제입니까? 왜, 무엇 때문에 영적 침체가 오는 것입니까? 영적 침체가 오는 원인으로는 일반적으로 두 가지를 들고 있습니다. 첫째는 영적 성숙의 과정으로 누구에게나 오는 경우이고, 둘째는 특별한 계기로 일부 사람들에게 오는 경우입니다.

새들백교회의 릭 워렌 목사는 영적 침체를 하나님과의 관계에 있어서 아주 정상적으로 일어나는 시험과 성숙을 위한 과정의 일부분으로 보았습니다. "모든 크리스천은 최소한 한 번씩 그리고 보통은 여러 번 이런 과정을 겪게 됩니다. 고통스럽고 당황스럽지만 우리의 믿음이 발전하기 위하여 꼭 필요한 과정입니다." 아동기에서 성인이 되기 위해서는 필히 사춘기를 겪어야 하듯이 영적 성장을 위해서는 꼭 겪어야 하는 통과의례인 것입니다.

영적 침체의 대부분은 영적 성숙의 과정에서 자연스럽게 발생하는 것이지만, 가끔은 어떤 특별한 원인으로 오기도 합니다. 즉 주변 환경의 갑작스러운 변화나 예기치 않은 사건 등으로 영적 침체를 맞이하기도 하는 것입니다. 그러면 당신의 경우는 어떻습니까?

Q 현재 내가 영적 침체 가운데 있다면, 그 원인은 무엇입니까? 정확한 진단이 중요합니다. 아래의 목록을 참고로 자신의 영적 침체의 원인을 발견합시다. 더 나아가 영적 성장을 가로 막는 장애물은 없는지 아래의 목록을 참고로 찾아내서 제거합시다.

실례) 바쁜 일상생활, 경제문제, 건강문제, 자녀문제, 가정문제, 이성문제, 인간관계단절, 삶의 목적과 방향상실, 염려와 불안, 두려움, 분노, 성중독, TV중독, 스포츠중독, 술중독, 담배중독, 스트레스, 우울증, 조울증, 소외감, 죄책감, 상처, 수치심, 탐욕, 정신적 방황 등

영적 침체 중에 하나님에 대한 신뢰와 확신

욥은 인생의 가장 절박한 상황에서도 하나님에 대한 신뢰는 확고했습니다. "욥이 일어나 겉옷을 찢고 머리털을 밀고 땅에 엎드려 경배하며 가로되 내가 모태에서 적신이 나왔사온 즉 또한 적신이 그리로 돌아가올지라 주신 자도 여호와시요 취하신 자도 여호와시오니 여호와의 이름이 찬송을 받으실지니이다"(욥 1:20-21).

다윗의 경우도 마찬가지입니다. 다윗의 삶에는 수많은 고난이 있었고, 그 고난은 영적 침체로 이어지곤 했었습니다. 그러나 그에게는 하나님이 계셨습니다. 일상생활 가운데 하나님과 동행하는 영성이 약동하고 있었습니다. 그러므로 "다윗의 일생 중에 벌어진 모든 사건은 기도가 되었으며, 하나님의 음성에 귀 기울이고 응답하는 계기가 되었습니다"(유진 피터슨).

영적 침체 속에서도 하나님을 예배하고, 영혼의 어둔 밤 가운데서도

끝까지 하나님을 신뢰하며 하나님의 말씀을 사모합시다. "하나님이 빛 가운데서 하신 말씀에 대해 어둠 속에서 의심하지 맙시다"(에드맨).

Q 당신의 경우는 어떻습니까? 영혼의 어둔 밤을 지날 때도 변함 없이 하나님을 신뢰하며 찬양할 수 있습니까? 하나님에 대한 절대적인 신뢰와 확신이 있습니까?

2 영적 성장

나는 영적으로 성장하고 있습니까? 구원의 경우와는 달리 영적 성장은 우리의 노력도 필요합니다. 성경은 예수 그리스도를 닮아 영적으로 성장하기 위해 '힘쓰라'고 거듭 강조하고 있습니다(눅 13:24; 롬 14:19; 엡 4:3; 히 4:11; 벧후 1:5, 3:11). 성경은 영적 성장을 위한 두 가지 지침을 이야기합니다.
   1) 옛 생활습관을 버려라(엡 4:22).
   2) 우리의 생각과 마음이 새로워져 새사람을 입어라(엡 4:23-24).

영적 성장을 위한 방안은 무엇입니까?
   1) 영적인 것에 대한 관심과 이해를 키워 나가야 합니다. 그러한 가운데 영적 감각이 열리고 영적 감수성이 살아나야 합니다. 당신이 세속적인 일에 온 마음이 쏠려 있으면 영적 감각이 무디어집니다.
   2) 바쁜 일상 속에서도 하나님께 헌신하며 말씀묵상과 기도생활을 실천해야 합니다. 어린 아이가 성장하려면 음식을 먹고 운동을 해야 하는 것입니다.
   3) 영적 기쁨과 세상의 기쁨 사이에 분별력이 있어야 합니다. 늘 하나님과 함께하는 기쁨이 하루 종일 지속되어 내면이 거룩한

기쁨으로 충만해야 합니다.
　4) 성숙된 크리스천들과 친밀한 교제가 있어야 합니다. 영적 성장은 혼자, 개인적으로 일어나는 것이 아니라, 다른 크리스천들과 함께 서로 영향을 주고받으며, 함께 성장하는 것입니다.

영적 성장이 일어나면
　1) 마음이 평안하고 매사가 즐겁고 기쁩니다.
　2) 하나님의 시각으로 바라봄으로 세상이 아름답게 보입니다.
　3) 사람이 귀하게 여겨지고 섬기는 삶이 일어납니다.
　4) 자신의 내면이 맑아지므로 자신이 큰 죄인으로 보입니다.
　5) 주님과 친밀한 교제를 누리는 가운데 영육 간에 치유가 일어납니다.

Q 영적 성장을 위한 당신만의 방안이 있다면 무엇입니까?

3 영적 성장을 갈망하며 영성의 향기에 흠뻑 취해라!

　영성생활에서 우리는 이 세상과는 정반대되는 것을 경험하게 될 것입니다. 성공, 소유, 명성, 속도, 쾌락을 강조하는 이 사회 속에서 우리는 "멈추라. 쉬어라. 침묵하라. 숨소리를 들어라, 묵상하라. 감사하라. 웃으라. 걸어라. 꽃향기를 맡으라" 등을 강조합니다.
　삶의 속도를 늦추고 여유를 가지고 주위를 돌아봅시다. 우리 안에 하나님을 위한 공간을 마련합시다. 그 공간은 우리의 삶에 생기를 불어넣는 영적 환기통입니다.
　우리 크리스천에게는 세상 사람과는 구별되는 삶의 감동과 향기가 있어야 합니다. 사람이 하나님처럼 성스럽게 보일 때가 있습니다. 그때 우리는 그 사람에게서 감동을 받고 영성의 향기를 느낍니다. 이 감동과 향기가 주위 사람들의 마음을 열어 기독교에 대해 관심을 갖게 할 것입니다. 주위 사람들에게 영향을 주고 매료시키는 영성의 향기를 뿜어내십시오.

영성의 향기는 곧 그리스도의 향기입니다. 그리스도의 입김이요 체취입니다. "우리는 구원 받는 자들에게나 망하는 자들에게나 하나님 앞에서 그리스도의 향기니"(고후 2:15). 진정한 영성생활은 매일의 일상생활 속에서 그리스도의 향기를 뿜어냅니다.

성령의 새 술에 취하십시오. 영성의 향기에 흠뻑 취하십시오. 세속화된 현대사회 속에서 이것만이 살 길입니다. 세속적인 소유와 명예와 욕구에서 벗어나 순수한 사명감에 충실합시다. 세상의 냄새에 중독되는 것이 아니라, 영성의 향기에 중독됩시다.

여기서 영성의 향기를 되찾는 시간을 가집시다. 우리는 바쁜 세태 속에서 영성의 향기를 잃어버렸습니다. 먼저 당신 자신이 영성의 향기에 흠뻑 취하십시오. 그 다음 주위의 이웃들에게 그리스도의 향기가 됩시다.

Q 세속화된 현대 사회 속에서 우리가 살 길은 무엇입니까?

22코스

그러면 우리는 어떻게 살 것인가?

1) 실천해야 할 삶 (나)

당신의 현재 영적 건강상태를 진단한 후, 영적 성장 방안을 모색합시다.

2) 나누어야 할 사역 (교회 공동체)

서로의 영적 건강상태와 성장 방안을 나눕시다.

3) 나누며 섬겨야 할 과제 (예비신자 오이코스)

주위 예비신자들과 '영적 삶'을 주제로 진지한 대화를 나눕시다.

8단계 영성의 최고봉 : 그리스도를 본받아

믿음의 주요 우리를 온전하게 하시는 예수 그리스도를 바라봅시다 (히 12:2). 그분의 모습 속에는 우리가 이루어갈 영성생활의 모든 형상이 다 들어 있습니다.

그리스도의 형상을 이루기까지

"나의 자녀들아 너희 속에 그리스도의 형상을 이루기까지 다시 너희를 위하여 해산하는 수고를 하노니"(갈 4:19).

영성생활은 그리스도의 형상을 이루기까지 지속적으로 성장해 나아가야 합니다. 크리스천은 '신의 성품에 참예하는 자'(벧후 1:4)입니다. 우리가 예수 그리스도의 형상을 이루고 하나님의 성품에 참예할 수 있다니, 이 얼마나 놀랍고 영광스러운 일이 아닙니까?

기독교 영성은 곧 예수 그리스도의 영성으로서, 그 목표는 그리스도의 형상을 이루는 것입니다. 여기서는 그리스도의 영성을 1) 성육신의 영성, 2) 팔복의 영성, 3) 밀알의 영성, 4) 순례의 영성으로 나누어 살펴보고자 합니다.

8단계 영성의 최고봉 : 그리스도를 본받아

23코스 성육신의 영성 (임마누엘)
24코스 팔복의 영성
25코스 밀알의 영성
26코스 순례의 영성

23코스 성육신의 영성 (임마누엘)

성경본문

말씀이 육신이 되어 우리 가운데 거하시매 우리가 그의 영광을 보니 아버지의 독생자의 영광이요 은혜와 진리가 충만하더라 요 1:14

전능하신 하나님께서 스스로 인간의 몸을 입고 이 땅에 오셔서 인간의 삶을 취하신 성육신(成肉身)은 기독교 교리와 영성에 있어서 기초요 바탕입니다(요 1:14-18; 갈 4:4). 태초부터 말씀으로 계셨던 성자 하나님이 인간의 낮은 몸으로 세상에 오셔서 인간과 함께 하셨던 것입니다. 성육신의 영성은 우리 가운데 계셔서 우리와 함께 하시는 임마누엘의 영성입니다.

예수 그리스도의 성육신은 하나님의 나라가 이 땅에 임하였음을 만천하에 알리는 것입니다. 주님의 성육신과 함께 이 땅에 임한 하나님의 나라는 점차적으로 완성되어가는 종말론적인 성격을 지녔습니다.

1 우리의 모델, 예수 그리스도

하나님께서는 우리의 형상을 예수 그리스도의 형상으로 바꿔 주시기를 원하십니다. 그러므로 영성생활은 그리스도를 응시하며 날마다 그리스도의 형상을 입어가는 삶입니다. "예수를 바라보자"(히 12:2). 예수 그리스도의 마음과 삶을 충분히 들여다 봅시다. 긍휼히 여기시는 마음, 늘 기도하시며 끝까지 사랑하시고 십자가를 지시는 모습, 그 분의 모습 속에 우리가 나아갈 길이 보입니다. 그러므로 예수 그리스도는 우리가 본받아야 할 모델이십니다.

기독교 영성은 성육신하여 역사상 실재하셨던 예수 그리스도를 본받는데서 다른 영성과 근본적인 차이점을 보입니다. 하나님은 우리 모두가 당신의 아들 예수 그리스도처럼 살기를 원하십니다. 그래서 처음부터 우리 모두가 예수 그리스도를 닮도록 창조되었습니다. "우리의 형상을 따라 우리의 모양대로 우리가 사람을 만들고"(창 1:26).

늘 함께 지내는 사람은 서로를 닮아 갑니다. 생각, 대화, 식습관, 걸음걸이, 심지어는 얼굴표정까지도 닮아갑니다. 이는 지극히 정상입니다. 우리도 주님과 동행하다보면 주님을 닮아갑니다. 주님의 모습으로 변화합니다. 이것은 자연스러운 현상이면서도, 동시에 하나님의 뜻입니다.

우리를 온전하게 하시는 예수 그리스도를 바라보라! (히 12:2)

우리 크리스천은 예수 그리스도를 바라보고 사는 자입니다. 그분에게서 눈길을 떼지를 못하는 자입니다. 크리스천은 그리스도 안에 거하며 그분을 사모하고 닮아가는 자입니다. 영적으로 성숙해진다는 것은 우리의 생각과 인격과 삶이 그리스도와 같아진다는 것입니다.

기독교 영성생활의 최고의 목표는 성령을 통한 내적인 정화와 주님을 닮은 온전한 삶입니다. "그러므로 하늘에 계신 너희 아버지의 온전하신 것같이 너희도 온전하라"(마 5:48).

온전해 지는 영적 성숙은 즉각적으로 일어나기 보다는 순례의 길을 걷는 과정에서 점진적으로 일어납니다. 우리는 아직 예수 그리스도를 닮아가는 순례의 과정 중에 있습니다. 이는 평생에 걸쳐 가야할 영적 여정이요, 온전해 지는 과정입니다.

Q 당신은 예수 그리스도를 얼마나 많이 닮은 크리스천입니까?

2 자기를 비우고 낮추는 영성

"너희 안에 이 마음을 품으라. 곧 그리스도 예수의 마음이니 그는 근본 하나님의 본체시나 하나님과 동등됨을 취할 것으로 여기지 아니하시고 오히려 자기를 비워 종의 형체를 가지사 사람들과 같이 되셨고 사람의 모양으로 나타나사 자기를 낮추시고 죽기까지 복종하셨으니 곧 십자가에 죽으심이라"(빌 2:5-8).

우리 주님은 자신의 신성한 신분과 권리를 다 내려놓고, 가장 낮은 자의 모습으로 이 세상에 오셨고, 세상의 죄를 지시고, 죽기까지 하나님의 뜻에 순종하셨습니다. 주님의 전 생애는 하나님께만 집중 되어졌으며, 오로지 하나님의 뜻을 이루기 위해 자신을 비우고 낮추셨습니다. 이는 주님의 영성의 본질이요, 기독교 신앙의 바탕이요, 기독교 영성의 최고봉입니다.

주님의 낮아지심(卑下)

주님은 자신의 성품을 온유와 겸손으로 표현하셨습니다(마 11:29). 그러면 주님의 온유와 겸손의 참 모습은 어디에서 발견할 수 있습니까? 바로 하늘 보좌를 비우시고, 스스로 종의 신분으로 이 땅에 오신 성육신입니다. 주님은 세상의 가장 밑바닥까지 낮아지셔서 인간의 모든 고통을 다 겪으셨습니다.

주님은 하나님 앞에서 자신을 낮추셨을 뿐만 아니라, 모든 피조물에게까지 자신을 낮추셨습니다. 주님의 낮아지심의 극치는 십자가와 무덤입니다.

Q 당신은 주님을 본받아 얼마나 낮아지고 겸손한 크리스천입니까?

3 작은 자와 함께 하는 임마누엘 영성

"이에 임금이 대답하여 이르시되 내가 진실로 너희에게 이르노니 이 지극히 작은 자 하나에게 하지 아니한 것이 곧 내게 하지 아니한 것이니라 하시리니"(마 25:45).

　자기를 비우고 낮추는 성육신의 영성의 본질적인 것은 연약한 자와 함께 머물며 관계를 맺고 서로를 긍휼히 여기며 사랑하는 임마누엘의 영성입니다.

　주님은 공생애 기간 내내 상처받고 고통 중에 있는 작은 자들과 함께 하시며, 그 짐을 벗겨 주셨습니다. 그런 연고로 아시시의 프랜시스, 장 바니에, 헨리 나우웬, 테레사 수녀 등과 같은 영적 지도자들은 가장 작은 자를 섬기는 가운데 주님의 현존을 발견하고자, 늘 작은 자와 함께 하는 삶을 살았습니다. 그들에게 있어 주님을 따른다는 것은 늘 그분이 숨어 계신 작은 자들 사이로 주님을 따라가는 것이었습니다. 작은 자들은 영혼이 맑게 보이는 투명하고 아름다운 존재입니다.

　오늘날 대다수의 사람들은 기독교와 이웃사랑을 한 짝으로 여겨, 크리스천이라면 당연히 어려운 이웃들을 도와야 한다고 생각합니다. 이는 주님의 가르침과 삶에서 기인된 참으로 아름다운 전통입니다.

　영성신학자 헨리 나우웬은 캐나다 토론토 인근지역에 위치한 라르쉬 공동체에서 장애인들과 함께 거주하며 그들을 돌보는 사역을 했습니다. 그와 함께 한 장애인 가운데 아담은 다른 사람의 도움 없이는 움직일 수도 없고, 자기를 표현할 수도 없는 지능이 매우 낮은 중증 장애인 청년이었습니다. 하지만 나우웬은 그를 친구요, 스승으로 여겼습니다. 이는 나우웬으로 하여금 하나님의 사랑과 신앙의 의미를 새롭게 이해하도록 이끈 이가 바로 아담이었기 때문입니다.

고통 중에 있는 이웃 성찰하기

　정신적 방황, 질병, 우울증, 이혼, 관계단절, 사업실패 등, 고통 중에 있는 이웃은 누구입니까? 우리는 그런 사람을 주변에서 쉽게 만날 수 있습니다. 이 시간 그러한 이웃의 고통을 깊이 성찰하면서 동참하는 시간을 가져봅시다. 그러한 사람들의 고통에 진심으로 깊이 닿을 수 있도록 그들의 고통과 삶을 충분히 묵상합시다.

우리는 이웃의 고통을 깊이 성찰하는 중에 그들의 고통을 나의 고통으로 동일시하게 된다면 행동으로 옮겨질 것입니다. 그러면 주저하지 말고 찾아가서 그들을 섬기도록 합시다.

깊이 성찰하면 이해심이 생기고, 이해심이 생기면 사랑하게 되고, 사랑하게 되면 그들과 동일시하게 되어, 그들을 섬길 수 있게 되는 것입니다. 그러므로 이웃 보살피기는 깊은 성찰로부터 시작되어야 합니다.

성인(聖人)들은 인생의 마지막 길에서 좀 더 가난하게 살지 못했던 것과 고통당하는 이웃들과 더 많은 시간을 함께하지 못했던 것을 아쉬워하는 것을 볼 수 있습니다. 아마도 진지한 크리스천이라면 인생의 마지막 길에 같은 아쉬움이 남을 것입니다. 우리도 더 늦기 전에 주위의 작은 자들과 함께 하는 시간을 가져봅시다.

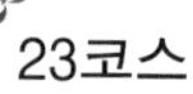 당신은 주위 소외계층과 얼마나 자주 교제하며 섬기고 있습니까

그러면 우리는 어떻게 살 것인가?

1) 실천해야 할 삶 (나)

날마다 자신을 비우고 낮아지고 섬기는 삶을 삽시다.

2) 나누어야 할 사역 (교회 공동체)

주위에 고통당하고 있는 이웃이 누구인지 살펴서 성찰하고, 더 나아가 방문하여 위로하며 함께 하는 시간을 가져봅시다.

3) 나누고 섬겨야 할 과제 (예비신자 오이코스)

어려운 가운데 놓여 있는 예비신자 오이코스를 찾아가서 함께 시간을 보냅시다.

24코스　팔복의 영성

성경본문

예수께서 무리를 보시고 산에 올라가 앉으시니 제자들이 나아온지라 입을 열어 가르쳐 이르시되 심령이 가난한 자는 복이 있나니 천국이 그들의 것임이요 마 5:1-3

구약에 십계명이 있다면 신약에는 팔복(八福, Beatitudes)이 있습니다. 십계명이 구약의 율법과 삶을 인도하는 서문이라면, 팔복은 신약의 예수님의 가르침과 삶을 인도하는 서문입니다. 오늘날 팔복은 세속화 된 사회에서 짓눌린 우리의 영혼을 활짝 펴주는 '액화 산소'입니다.

산상수훈을 이끄는 팔복은 기독교 영성과 삶의 총 결산입니다. 예수 그리스도의 영성을 집약적으로 보여주는 영성의 최고봉입니다. 흔히 예수 그리스도의 자화상이라도 합니다.

팔복은 신학상의 해석이 필요 없을 정도로 간단명료하게 구성되어져 있습니다. 팔복은 그 흐름이 아름답고 장엄할 뿐만 아니라, 완벽한 순서로 되어 있습니다. 팔복은 첫 번째나 마지막이이나 순서에 관계없이 똑 같이 중요합니다. 팔복 모두는 그 하나하나가 완성이요, 절정을 이룹니다. 팔복의 영성은 우리의 마음과 삶을 맑고 깨끗하게 정화시킵니다.

1 심령이 가난한 자는 복이 있나니 천국이 그들의 것임이요

가난한 심령은 하나님께서 주시는 모든 복의 근본이요 바탕입니다. 땅에 물이 고이기 위해서는 땅이 낮아져야 하고, 그릇이 새 것으로 채워지기 위해서는 그릇이 비워져야 합니다. 낮아지고 비우는 삶 속에 하나님의 은혜와 축복이 임합니다. 물이 낮은 곳으로 흐르듯이 하나님의 복도 낮은 곳으로 흐르는 것입니다.

여기서 심령이 가난한 자는 의지할 분은 오직 하나님 한 분 밖에 없음을 깨닫고, 하나님 앞에 겸손해진 자를 말합니다. 하나님과 말씀을 늘 사모하고 갈망하는 배고픈 심령입니다. 그런 갈망이야말로 하나님의 복을 열어가는 열쇠이고, 놀라운 영성의 세계로 들어가는 관문입니다.

그러면 심령이 가난한 자들이 누리는 복은 무엇입니까? 그 복은 천국의 평안과 기쁨을 누리는 것입니다. 그 놀라운 천국의 축복을 지금, 현재 이 땅에서 누린다는 것입니다. 이 얼마나 크고 놀라운 일입니까?

2 애통하는 자는 복이 있나니 그들이 위로를 받을 것임이요

애통은 세상과 죄에 대한 통회와 슬픈 심정을 말합니다. 자신과 세상의 죄와 연약함에 대한 거룩한 통회입니다. 이 두 번째 복은 오늘날 온갖 쾌락과 재미에 빠져있고 돈 모으는데 혈안이 되어있는 우리 시대의 풍조에 대한 경종입니다. 세상의 조류에 편승하여 세속적인 즐거움과 성공을 추구하는 크리스천을 향한 꾸짖음입니다.

우리는 자신의 죄를 애통하고 고백하면 하나님으로부터 위로를 받습니다. 그러면 우리는 참으로 새롭게 시작할 수 있습니다. 죄에 대한 애통은 회개에 이르게 합니다. 회개는 죄사함과 구원에 이르게 하고(요일 1:9), 구원은 큰 위로와 함께 기쁨을 가져옵니다.

우리 크리스천은 늘 애통하는 자입니다. 나 자신의 죄 뿐만 아니라, 늘 목도하는 세상의 죄에 대해서도 애통하는 자입니다. 주님께서 산 꼭대기에 앉으셔서 예루살렘 도성을 바라보시면서 애통하셨듯이 우리도 그렇게 애통할 수 밖에 없는 것입니다. "예루살렘아 예루살렘아...암탉이 그 새끼를 날개 아래에 모음 같이 내가 네 자녀를 모으려 한 일이 몇 번이더냐 그러나 너희가 원하지 아니하였도다"(마 23:37).

3 온유한 자는 복이 있나니 그들이 땅을 기업으로 받을 것임이요

주님께서는 가난한 심령, 애통하는 마음을 요구하셨고, 여기서는 온유한 성품을 요구하십니다. 성경에서 '온유하다'라는 말의 헬라어는 '프라오스'(praos)로서 '온화하고 부드럽다'는 뜻을 가졌습니다. 그러므로 온유한 사람이란 온화하고 부드러운 겸손한 사람을 가리킵니다.

이는 주님의 중요한 성품입니다(마 21:5).

온유한 자는 땅을 기업으로 받고, 그 땅을 예수 그리스도와 함께 다스리는 복을 받습니다.

4 의에 주리고 목마른 자는 복이 있나니 그들이 배부를 것임이요

의에 주리고 목마른 자는 하나님을 향한 강한 열망. 정열적인 추구를 의미합니다. 우리 안에 있는 하나님을 향한 열정을 말합니다. 세상 사람들은 성공과 부와 인기와 명예 등에 목말라 있지만, 우리 하나님의 사람은 의에 주리고 목말라 있는 것입니다. 우리 크리스천은 하나님의 의에 굶주린 존재입니다.

하나님의 의와 뜻을 사모하는 목마름이 간절하다면, 하나님이 주시는 신령한 것들로 배부를 것입니다(마 6:33 참조). 우리의 삶 가운데 성령의 열매들이 주렁주렁 열릴 것입니다(갈 5:22-23 참조).

5 긍휼히 여기는 자는 복이 있나니 그들이 긍휼히 여김을 받을 것임이요

'긍휼히 여기다'의 히브리어 '헤세드'(chesed)는 '자비를 베풀다', '불쌍히 여기다'란 뜻을 지녔습니다. 그러므로 도움이 필요한 사람을 불쌍히 여기고 도움을 베풀어 그 필요를 채워주는 것이 긍휼입니다. 즉 긍휼은 배고픈 자에게는 먹을 것을 주고 외로운 자에게는 친구가 되어 주는 것입니다. 긍휼히 여기는 자는 움켜쥐고 취하는 자가 아니라, 손을 펴서 나눠주는 자입니다.

긍휼히 여기는 자의 축복은 긍휼히 여김을 받는 것입니다. 우리가 이웃을 긍휼히 여기면 하나님께서는 우리를 더욱 긍휼히 여기십니다.

6 마음이 청결한 자는 복이 있나니 그들이 하나님을 볼 것임이요

청결한 마음은 크리스천의 근본적인 성품입니다. 마음이 청결해야 하나님을 볼 수 있다는 말씀은 성경의 거의 모든 맥락에서 나타나는 보편적인 진리입니다. 전통적으로 영성생활의 근거리 목표는 마음의 청결이요, 궁극적 목표는 하나님을 보는 것입니다. 마음이 청결하지 않으면 결코 하나님 존전에 나아갈 수가 없습니다. "하나님이여 내 속에 정한 마음을 창조하시고"(시 51:10).

"원하건대 주의 영광을 내게 보이소서"(출 33:18). 누가 주의 영광을 볼 수 있습니까? 말씀과 기도 가운데 마음이 청결하게 된 자입니다. 마음이 청결할 때 영의 눈도 맑아져 하나님의 영광을 보고 또 볼 수 있습니다.

7 화평하게 하는 자는 복이 있나니 그들이 하나님의 아들이라 일컬음을 받을 것임이요

화평(평화, 샬롬)은 구약과 신약을 거쳐 성경 전반적으로 흐르는 덕목입니다. 성경에서 지향하는 하나님의 나라는 영원한 평화의 나라입니다. 성경은 에덴의 평화에서 시작해서 영원한 평화의 나라인 새에 덴으로 끝을 맺고 있습니다. 하나님은 평화의 근원이시며, 예수님은 평화의 현현이시며, 성령은 평화의 시행자이십니다.

하나님은 화평하게 하는 자를 이 세상에서 하나님의 대리자로 삼으십니다. 하나님의 대리자는 평화의 사절입니다(히 12:14).

8 의를 위하여 박해를 받은 자는 복이 있나니 천국이 그들의 것임이라

앞선 일곱 가지 복을 보면 알 수 있듯이 크리스천은 이 세상의 논리와 질서를 거슬러 사는 경건한 자입니다. 그렇게 경건하게 살다보면 칭송도 받지만 세상으로부터 핍박도 받습니다. 팔복의 메시시내로 실면 화평하게 하는 자가 되는 동시에 분쟁을 일으키는 자가 되기도 합니다. 예수 그리스도의 삶도 그러했습니다. 우리도 그리스도처럼 사랑과 미움, 존경과 저주를 아울러 받을 것입니다. "무릇 그리스도 예수 안에서 경건하게 살고자 하는 자는 박해를 받으리라"(딤후 3:12).

팔복의 메시지대로 세상을 거슬러 살아가는 경건한 하나님의 사람에게 핍박은 당연한 것입니다. 그러므로 그 핍박이 하나님의 사람됨을 증명하는 것이요, 천국에 합당한 존재임을 만 천하에 밝히 드러내는 것입니다.

천국에서 우리를 위한 큰 상이 준비되어 있습니다(마 5:12). 그러므로 환란과 핍박 가운데에서도 기뻐하라고 하는 것입니다(마 5:12). "생각하건대 현재의 고난은 장차 우리에게 나타날 영광과 비교할 수 없도다"(롬 8:18).

Q 왜 팔복이 오늘날 우리 시대에 더욱 부각되는 영성의 최고봉입니까?

그러면 우리는 어떻게 살 것인가?

1) 실천해야 할 삶 (나)

팔복의 말씀에 비추어 자신의 영적 상태를 점검하고 연약한 부분은 향상시키고 세속화된 부분들은 새롭게 합시다.

2) 나누어야 할 사역 (교회 공동체)

팔복이 보여주는 기독교 영성생활의 아름다움을 서로 나눕시다.

3) 나누고 섬겨야 할 과제 (예비신자 오이코스)

주위의 예비신자에게 팔복을 통해 기독교 영성의 진면목과 아름다움을 소개합시다.

25코스 밀알의 영성

성경본문

내가 진실로 진실로 너희에게 이르노니 한 알의 밀이 땅에 떨어져 죽지 아니하면 한 알 그대로 있고 죽으면 많은 열매를 맺느니라 요 12:24

밀알의 영성은 예수 그리스도의 가르침 전체에 흐르고 있는 바탕이며, 모든 크리스천에게 부과된 과제입니다. 하지만 오늘날 밀알의 영성이 점점 사라지고 있습니다. 이는 오늘날 기독교의 위기입니다. 밀알의 영성은 금세기 우리 시대에 특별히 회복하여야 할 시대적인 요청입니다.

예수님께서 한 알의 밀알로 썩어져 십자가에서 죽으니 선 인류에게 구원의 길이 열렸습니다. 마찬가지로 우리 크리스천 한 사람 한 사람이 한 알의 밀알로 썩어지면, 우리 주위 사람들의 마음이 열리고 구원의 길에 이르는 놀라운 일이 일어납니다.

1 희생(포기)

밀알의 영성은 십자가에 못 박히신 주님을 따르기 위해 모든 것을 포기하는 희생의 영성입니다. 주님을 따르는 제자들에게 있어서는 마땅히 갖추어야 할 기본영성입니다. 희생(포기)은 자기부인에서 비롯됩니다(막 8:34). 자기부인이란 자신이 한 알의 밀알로 썩어지는 것을 의미합니다. 모든 위대한 영성은 결국 포기(희생)에 관한 것입니다. "기독교 영성의 중심에는 자기 뜻의 포기가 있고, 나머지 모든 것은 바로 여기서 나옵니다. 즉 겸손은 자기 자신을 아무 것도 아닌 것으로 여기는 것이며, 이로써 순종이 쉬워집니다. 순종과 겸손은 바퀴를

고정시키는 두 개의 쐐기 못입니다"(사막 교부).

기독교 영성생활은 자기를 부인하고 빈손으로 하나님을 바라보는 삶입니다. 이는 팔복과 산상수훈에 나타난 삶으로서 예수님의 삶입니다. '여호와를 바라고 그 도를 지키는 자'(시 37:34), 즉 말씀을 붙잡고 사는 삶입니다. 내 속 사람이 죽고 하나님의 아름다운 소원으로 채워져서 하나님이 원하시는 모습으로 살아가는 삶입니다. "주님의 뜻을 따라, 그리고 주님이 원하시는 일을, 주님께서 원하시는 때에 행하게 하여 주시옵소서!"(토마스 아켐피스).

포기는 하나님께 내어 맡김입니다. 하나님의 뜻에 자신을 맡기는 것은 하나님으로부터 오는 모든 것을 즐겁게 인정하고, 감사하게 받아들이는 것을 의미합니다. 그럴 때에 하나님의 영광을 구하며 썩어지는 한 알의 밀알로 살게 됩니다.

한 알의 밀알로 산다는 것

한 알의 밀알로 썩어진다는 것은 희생을 의미합니다. 희생이 없는 봉사는 봉사가 아니라 취미활동입니다. 봉사에는 반드시 자기희생이 동반되어야 합니다. 자기가 애지중지하는 것을 주님을 위해서 포기하는 것이 희생입니다. 오병이어의 기적이 보여주듯이 능력은 희생에서 나옵니다. 희생이 없이는 큰 능력과 위대한 일이 없습니다. 주님의 사역을 위해 자존심과 자신의 권리를 포기하는 것이 희생입니다. 희생의 영성은 자신을 포기하고 이웃을 돌봄으로 하나님의 사랑을 표현하는 아름다움입니다.

한 알의 밀알이 될 때 전도의 열매가 맺힙니다

오늘날 왜 전도의 열매가 없습니까? 밀알의 영성이 결핍되어 있기 때문입니다. 우리 한 사람 한 사람이 한 알의 밀알이 되어 썩어지면 30배, 60배, 90배의 열매가 맺힙니다.

오늘날 기독교에는 밀알의 정신이 사라지고 있습니다. 그러한 연고로 기독교가 힘을 잃어가고 있습니다. 그리고 복음이 사람들에게 외면당하고 있습니다. 기독교는 다시 밀알의 영성을 회복해야 합니다. 기독교의 영적 깊이와 무게를 다시 되찾아야 합니다. 이 땅에서 한 알의 밀알로 썩어진다는 것은 간단합니다. 그냥 성경말씀대로 산다는 것입니다. 성경말씀대로 살면 자연스럽게 전도의 열매가 맺힙니다.

Q 오늘날 밀알의 영성이 크게 부각되는 이유는 무엇입니까?

2 십자가: 사랑의 절정

예수 그리스도께서는 우리를 사랑하시되 우리가 죄인임에도 불구하고 끝까지 사랑하셨습니다. 십자가에서 죽기까지 사랑하셨습니다. 십자가의 사랑은 사랑의 절정을 이룹니다. 오늘날의 크리스천은 "어떻게 하면 이웃을 주님처럼 사랑할 수 있을까?"하는 질문을 하며 깊은 자기성찰이 절실히 필요합니다.

십자가의 삶입니까? 편안한 삶입니까? 죄성을 가진 인간은 자신도 모르게 자기중심적으로 기우는 경향이 있습니다. 그리고 자연히 쉽고 편안한 삶을 추구합니다. 자기희생과 아픔을 동반하는 십자가의 삶을 본능적으로 피하려고 합니다.

하지만 십자가의 삶은 영적 성장을 가져옵니다. 반면에 편안한 삶을 살 때 우리의 영적 성장은 그대로 멈춥니다. 멈춤은 퇴보를 의미합니다. 성장하지 않으면 쇠퇴할 수 밖에 없기 때문입니다. 하나님께서 우리의 영혼이 지속적으로 성장하기 원하시므로 때때로 우리가 고통당하는 것을 허락하십니다.

오늘날 평안함에 길들여진 현대인은 조금만 불편해도 마치 성난 맹수처럼 으르렁거립니다. 하지만 불편함을 기꺼이 감당할 준비가 되어 있지 않은 크리스천에게는 어떠한 영적 성숙도 기대하기가 힘듭니다.

그러므로 우리 시대는 어느 시대보다도 나 자신을 포기하고 희생하는 십자가의 영성이 중요합니다.

십자가의 삶을 산다는 것

십자가의 삶을 사는 것은 쉽지가 않습니다. 하지만 그 삶에는 진짜 보석들이 도처에 깔려 있습니다. 우리가 예수 그리스도의 사랑에 전적으로 사로잡힐 때 비로소 우리는 십자가의 삶을 기쁨으로 받아들일 수 있는 것입니다. "십자가 없이는 면류관도 없습니다"(No Cross, No Crown).

오늘날 크리스천은 '값싼 은혜'에 익숙해져 있습니다. 디트리히 본회퍼는 그의 저서 <제자가 되기 위한 대가>에서 은혜는 값을 내지 않고 받는 것이지만, 결코 값싼 것은 아니라고 했습니다. '값싼 은혜'는 여러모로 밀알의 영성과 대립됩니다. 값싼 은혜는 희생과 십자가와 제자도가 없는 은혜입니다. "누구든지 자기 십자가를 지고 나를 따르지 않는 자도 능히 내 제자가 되지 못하리라"(눅 14:27).

주님의 성품의 특징은 온유와 겸손이고(마 11:29), 그 온유와 겸손은 십자가를 지시고, 마침내 십자가에서 죽기까지 이르렀습니다. 주님의 십자가는 자신을 부인하는 일, 곧 자신의 교만, 혈기, 욕심, 자기자랑, 허영 등을 죽이는 일, 즉 철저한 자기포기인 것입니다.

Q 십자가의 삶은 산다는 것은 어떻게 산다는 것입니까?

3 순교의 영성

기독교는 그 초기부터 순교의 피 위에 시작되었습니다. 기독교의 기초를 놓은 세 인물인 예수 그리스도, 베드로, 바울은 모두 순교했습니다.

순교의 영성은 이 땅에서의 성공과 부유보다는 '먼저 그의 나라와 그의 의'(마 6:33)를 구하는 영성입니다. 이는 우리의 모든 가치관을 하나님의 나라에 두고 하나님의 나라의 일원으로서 생명을 내어놓기까지 동참함을 의미합니다.

예수님은 이 땅에서 철저하게 순교자의 모습으로 사셨습니다. 예수님의 삶 속에는 순교의 영성이 돋보입니다. 순교자는 단지 한번이 아니라 날마다 자신이 죽어야 합니다. 날마다 자기를 포기하는 기도하기를 멈추지 않아야 합니다. 세상에 대한 집착을 버리고 하나님을 거슬리는 악습과 싸워서 하나님의 나라를 바로 세워 나아가야 합니다. "이 사람들은 다 믿음을 따라 죽었으며...그들을 위하여 한 성을 예비하셨느니라"(히 11:13,16).

순교의 영성으로 산다는 것

순교자는 개인적인 안정과 만족을 위해 사는 자가 아닙니다. 하나님의 위대한 부르심에 순종하여 날마다 자기의 뜻이 아닌 하나님의 뜻을 따르는 자입니다. 예수님은 십자가에서 죽기까지 하나님의 뜻에 순종하셨습니다. 그러기 위해서는 자기중심적인 본성과 싸우는 치열한 영적 전쟁을 치러야 합니다(막 14:36).

기독교 영성생활에 전념한다는 것은 이 땅에서 죄악된 것으로부터 결별하여 순례의 길을 걸으며 순교자의 삶을 산다는 것을 의미합니다. 성경은 이 세상의 가치관과 유혹에 빠지는 것을 경고한다(롬 12:1; 약 4:4). "순교는 진리와 함께 사는 것이고 진리를 위해 죽는 것입니다"(어거스틴).

순교자는 그 길이 나에게 아무런 유익이 없고, 심지어 죽음의 길이라 하더라도, 하나님의 뜻이라면 그 뜻에 복종하는 길을 택한 자입니다. 순교에도 세 가지가 있습니다.

백색 순교 : 흠이 없는 순결한 삶의 순교이다.
녹색 순교 : 이웃을 위해 봉사하는 섬김의 순교이다.
적색 순교 : 하나님을 위해 목숨을 바치는 피의 순교이다.

순교의 영성을 일상의 삶에서 실천합시다. 일상의 작은 것에서부터 실천합시다. 순교의 영성은 일상에서 자신의 것을 나눔으로 드러나는 것입니다. 내 것을 내어놓고 나누는 것은 현대 자본주의 사회 속에서 순교적 삶입니다. 세상의 가치가 아닌 하나님의 가치에 따라 사는 것이야말로 순교의 영성을 삶 속에 실천하는 것입니다.

Q 일상의 삶 속에서 순교의 영성을 어떻게 실천할 수 있을까요?

찬양하기 : **순교자의 빛을 따라** (어느 민족 누구에게나)
　　　　　순교자의 빛을 따라 주의 뒤를 좇아서
　　　　　십자가를 등에 지고 앞만 향해 가리라
　　　　　새 시대는 새 의무를 우리에게 주나니
　　　　　진리 따라 사는 자는 전진하리 언제나

25코스

그러면 우리는 어떻게 살 것인가?

1) 실천해야 할 삶 (나)

한 알의 밀알이 된다는 것은 나 자신을 온전히 희생하는 삶입니다. 내가 한 알의 밀알이 되어야 할 대상이나 장소가 있다면 어디입니까?

2) 나누어야 할 사역 (교회 공동체)

한 알의 밀알이 되는 삶에 대해 구체적으로 나누어 봅시다.

3) 나누고 섬겨야 할 과제 (예비신자 오이코스)

주위 예비신자들을 위해 한 알의 밀알의 되어 그들이 하나님 앞에 나오기까지 섬깁시다. 그러기 위해 지금 당장 실천해야 할 일은 무엇입니까?

26코스 순례의 영성 : 본향을 향하여

성경본문

저희가 이제는 더 나은 본향을 사모하니 곧 하늘에 있는 것이라 그러므로 하나님이 저희 하나님이라 일컬음 받으심을 부끄러워 아니하시고 저희를 위하여 한 성을 예비하셨느니라 히 11:16

그러면 우리는 어떻게 살 것입니까? 크리스천의 삶이란 무엇입니까? 요람에서 무덤까지, 크리스천의 삶은 주님과 동행하는 순례의 여정(pilgrimage)입니다. 그러므로 순례의 영성을 이해하지 못하고는 올바르게 크리스천의 삶을 살 수가 없습니다.

순례의 영성은 평생을 한결같이 주님을 따르게 하는 정신이요, 힘입니다. 그러므로 제 아무리 이 땅에서 나그네요 행인처럼 살아도 순례의 영성이 없다면 순례자가 아니라, 방랑자나 관광객에 지나지 않습니다.

우리는 하나님이 예비하신 영원한 상급을 바라보며 하나님의 영광을 위해 사는 순례자입니다. 내 아버지께 복 받을 자들이여 나아와 창세로부터 너희를 위하여 예비된 나라를 상속 받으라(마 25:34). 나는 나 자신을 위해 사는 자입니까? 하나님을 위해 사는 순례자입니까?

1 순례자의 영성과 삶

지상과 천상을 통틀어 가장 아름다운 길은 순례의 길입니다. 이는 평생의 여정이 한 곳, 즉 하나님을 향한 길이기 때문입니다. 우리는 이 땅에서 잠시 머물다 천성의 길을 떠나는 나그네와 행인입니다(히

11:13-16; 벧전 2:11). 이 세상에서 우리의 삶은 그림자와 같이 잠깐이요, 안개와 같이 일시적입니다. 게다가 이 세상은 우리 집이 아닙니다. 우리는 하늘에 있는 영원한 집을 향하여 나아가는 순례자입니다(히 13:14). "이 땅에서 우리의 삶은 하나님의 나라를 향한 여행이 되어야 합니다"(조나단 에드워드).

자신의 존재와 삶으로 하나님을 증거하는 순례자

순례의 길은 모든 크리스천에게 주어진 신앙의 여정입니다. 순례자는 이 땅에 속하지 아니하였으므로(요 17:16), 이 땅에 집착하지 않습니다. 순례자는 이 땅의 세속적 풍조를 거슬러 사는 자입니다. 순례의 영성은 한 곳에 머무르지 않고, 끊임없이 새로운 곳을 향해 나아가는 유목민적인 삶입니다. 그리고 이 땅이 아니라, 영원을 바라보며 지금 여기에 삽니다.

순례자는 은둔자처럼 세상을 도피하지 않고, 세상에 견고히 서서, 세상에 물들지 않으면서도, 세상에 영향을 끼치는 자입니다. 순례자는 안정, 편안함, 소유에 집착하는 인간의 본성을 거슬러 사는 자입니다. 자신의 생명에 대한 집착도 버린 살아있는 순교자입니다. "나는 날마다 죽노라"(고전 15:31)

순례자로 산다는 것

순례자는 이 땅에서 소금과 빛으로 살며(마 5:13-16), 주님의 사랑으로 영혼을 돌보며 기독교 사랑을 실천하는 자입니다. 주님의 사랑을 실천하는 것이 곧 영성생활입니다. 아무리 드높은 영성생활이라도 사랑이 없으면 실체 없는 환상에 지나지 않습니다.

순례자는 자신의 삶을 통해 하나님과 복음을 증거합니다. 순례자의 존재 그 자체가 복음이 진리인 것을 증거하며 사람들을 하나님께 이끕니다.

순례자는 하나님의 나라의 상속자입니다. 영원한 상이 기다리고 있다는 것을 기억합시다. "그 날에 기뻐하고 뛰놀라. 하늘에서 너희 상이 큼이라"(눅 6:23). 순례자는 자신의 본향인 천국을 바라보며(빌 3:21), 재림신앙을 가지고 삽니다. 오늘이 마지막 날인 것처럼 종말론적인 삶을 삽니다. 늘 다시 오시는 주님을 바라보며 하루하루 최선을 다합니다.

순례자의 노래
저 멀리 뵈는 나의 시온성, 오 거룩한 곳 아버지 집,
내 사모하는 집에 가고자, 한 밤을 새웠네.

어거스틴은 <하나님의 도성, The City of God>에서 성도의 진정한 두 성은 하늘에 있으며(히 13:14), 이 땅에 사는 크리스천은 영원한 나라를 바라보며 순례길을 걷는 자로 묘사했습니다. 우리는 이 땅에서 방랑자나 관광객이 아닌 순례자입니다. 또한 한 길을 걸어가는 순례자입니다.

우리는 어제와 오늘, 그리고 내일
시간의 영원 속에서 순례자의 삶을 산다.
주님이 인도하시는 대로
오늘은 이곳 내일은 저곳 순례의 길을 간다.
저 먼 산과 바다 건너 삶과 죽음을 넘어서
순례의 여정을 간다.
바라보라 주님을 돌아보라 이웃을
이 땅에서 가리는 것이 없다.
순례자는 한없이 자유하다.

세상에 대한 애착과 물질에 대한 집착을 버리고 주님과 함께 순례의 길을 떠납시다. 당신은 지금 무엇에 빠져 있습니까? 집착하는 것

이 무엇입니까? 주님과 함께 순례의 길을 떠나기 위해서는 이 모든 것을 내려놓아야 합니다.

Q 순례자로 산다는 것은 어떻게 산다는 것입니까?

2 순례의 길에 오르다 : 본향을 향하여

기독교 영성생활을 하면 자연스럽게 순례의 길에 오르게 됩니다. 우리는 하나님과 동행하며 본향을 향하여 함께 나아가는 순례자입니다.
순례자는 종일 어디를 가든지 하나님만을 생각하고, 이 땅에서 하나님의 뜻을 이루기 위해서 늘 하나님의 말씀을 묵상하고 실천하며 하나님을 증거하는 자입니다.

성경에 나오는 순례자
이제 우리 모두는 순례자로서의 삶을 살려고 합니다. 성경 인물들과 옛 성인들은 자신을 순례자로 여겼습니다. 우리 역시 그렇게 해야 합니다. 일상생활 속에서 날마다 하나님과 동행하는 가운데 하나님을 깊이 체험하는 순례의 길에 오릅시다.

에녹처럼 하나님과 동행하는 순례자
노아처럼 하나님의 음성을 들으며 방주 짓는 순례자
아브라함처럼 매일같이 여호와의 이름을 부르며 단을 쌓는 순례자
이삭처럼 들판에 홀로 나가 묵상하는 순례자
야곱처럼 벧엘에서 하나님과 씨름하는 순례자
요셉처럼 세상과 타협하지 않는 순결한 순례자
모세처럼 민족을 사랑하고 구원하는 순례자
여호수아처럼 목숨을 걸고 영적 전투를 치루는 순례자

다윗처럼 매일같이 하나님을 갈망하는 순례자

순례자의 삶으로의 부르심은 안전한 곳, 편한 곳, 익숙한 곳, 풍요로운 곳을 떠나 늘 하나님께서 인도하시는 새로운 곳으로 순례하며, 산다는 것을 의미합니다. 순례자의 길은 언제나 하나님의 약속의 땅을 바라며 찾으며, 그곳을 향해 나아가는 것입니다. 그러므로 무엇보다도 순례의 길은 사명의 길을 의미합니다.

순례의 길

예수 그리스도에게 순례의 길은 이 땅에 친히 오셔서 가난한 자들 가운데 거하시며 천국복음을 전파하시고, 고난을 당하시고 십자가 상에서 죽으시는 것이었습니다.

사도 바울에게 순례의 길은 교회를 든든히 세우고 복음을 땅 끝까지 전하는 것이었습니다.

어거스틴에게 순례의 길은 초기 기독교 교리를 바로 세우는 것이었습니다.

아시시의 프랜시스에게 순례의 길은 가난한 자와 함께 하며 복음을 전하는 것이었습니다.

마르틴 루터에게 순례의 길은 수도원을 떠나서 개혁자가 되는 것이었습니다.

존 캘빈에게 순례의 길은 기독교 교리를 성경적으로 바로 세우며 종교개혁을 하는 것이었습니다.

디트리히 본회퍼에게 순례의 길은 안전한 미국에서 고국으로 돌아가 나치의 포로가 되어 순교자가 되는 것이었습니다.

헨리 나우웬에게 순례의 길은 늘 상처받기 쉬운 연약한 모습으로 영성의 글을 쓰는 것이었습니다.

Q 그러면 당신에게 있어서 순례의 길은 무엇입니까?

3 순례자는 이 땅에서 작은 예수로 삽니다

그러면 우리는 어떻게 살 것입니까? 작은 예수로 살아야 합니다. 순례자는 이 땅에서 작은 예수로 살아가는 자입니다. 여기서 작은 예수란 예수님을 꼭 빼닮아 어디서 무엇을 하든지 예수 그리스도의 향기를 드러내며 예수 그리스도를 생각나게 하는 크리스천을 말합니다.

작은 예수로 산다는 것

그러면 작은 예수로 이 땅에서 산다는 것은 어떻게 산다는 것을 의미합니까? 어떤 모습으로 무슨 일을 하며 사는 삶일까요? 이는 예수님을 너무 사랑한 나머지 예수님의 일거수일투족을 그대로 본받아 살려고 하는 삶입니다. 예수 그리스도의 관점으로 세상을 바라보며, 예수 그리스도의 심장으로 사람들을 사랑하며 살아간다는 것입니다. 예수 그리스도의 손과 발로 주변인들을 섬기며 산다는 것을 의미합니다. 그러므로 작은 예수는 예수님께서 육신을 입고 이 땅에서 하신 일을 계속 이어가는 사역의 계승자입니다.

주님은 우리를 부르셔서 하나님 나라를 함께 세워 나가는 동역자로 삼으셨습니다(고후 6:1). 우리는 이 땅에서 주님의 대리자요(고후 5:20), 복음의 메신저(Messenger)요, 작은 예수입니다.

순례자의 전형적인 모델들

고향과 가족을 뒤로 하고 예수님을 따르는 열두 제자와 모든 것을 배설물로 여기고 복음을 위해 전적으로 헌신한 사도 바울과 초대교회 성도들은 전형적인 순례자와 작은 예수의 모델입니다. "그들은 모든 친절과 겸손으로 행했습니다. 그들 안에 거짓이란 찾아볼 수 없었습니다. 그들은 서로 사랑했습니다. 그들은 과부를 멸시하지 않으며, 고아를 슬프게 하지 않았습니다. 가진 자는 갖지 못한 자에게 아낌없이 나눠주었습니다. 나그네가 눈에 뛰면 자기 집으로 들여 마치 친

형제인 양 그로 인해 즐거워했습니다"(아리스티데스).

사막 수도사의 아버지, 안토니(Anthony, 251-356) 또한 작은 예수의 좋은 모델이 되는 삶을 살았습니다. 그는 예수님의 부자 청년에 관한 말씀(마 19:16-22)에 큰 도전을 받고 자신의 모든 재산을 팔아 가난한 자들에게 나누어 준 뒤 사막으로 나아갔습니다. 그곳에서 가난한 사람들과 함께 거하며 고독 속에서 기도하고 복음을 전하면서 예수님과 꼭 빼닮은 삶을 살았습니다.

아시시의 프랜시스는 기독교 역사상 예수 그리스도를 가장 많이 빼닮은 인물입니다. 그는 하나님의 사랑에 취하고 예수 그리스도의 복음의 능력에 사로잡혀 두루 다니며 춤추듯이 기쁨으로 복음을 전했던 작은 예수였습니다.

그 외에도 수많은 크리스천들이 이 땅에서 예수님을 꼭 빼닮은 작은 예수로 살다가 본향으로 돌아갔습니다. 그렇다면 당신은 어떻습니까? 현재 작은 예수로 살아가고 있습니까? 이 시간 작은 예수가 되어 이 땅을 섬기기 위해 헌신합시다. 우리 모두 다같이 함께 헌신합시다.

'작은 예수'헌신문

하나님께서는 작은 예수로
이 땅의 사람들을 섬기도록 나를 부르셨습니다.
나는 예수님처럼 몸과 마음을 다해
이 땅의 사람들을 사랑하겠습니다.
나는 예수님이 걸어가신 십자가 고난의 길을 따라 가겠습니다.
나는 예수님처럼 나를 희생하므로
한 알의 밀알로 썩어지겠습니다.

   예수님께서 주신 모든 진리의 말씀을 그대로 실천하며
이 땅에서 부패를 막는 소금과 어둠을 밝히는 빛이 되겠습니다.
예수님께서 다시 오시는 그 날까지
작은 예수로 끝까지 신실하게 살아가겠습니다.

                              년   월   일

          이름   서명

오이코스 전도생활(1-26코스) 훈련을 받았습니까?

   여기서 영성생활훈련을 마무리하면서, 다음의 질문을 하지 않을 수
가 없습니다. "전도생활훈련은 받았습니까?" 왜냐하면 52코스 영
성&전도 생활훈련은 두 생활훈련으로 구성되어 있기 때문입니다. 아
직 전도생활훈련을 안 받았다면 꼭 받기를 바랍니다.
   오이코스 전도생활훈련을 받으면 전도가 생활화되어 자연스럽게 전
도하게 될 것입니다. 전도가 삶이 되어 즐겁게 전도하는 크리스천이
되기를 바랍니다.

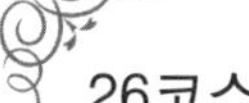

그러면 우리는 어떻게 살 것인가?

1) 실천해야 할 삶 (나)

앞으로 순례의 여정을 작은 예수로 살아가기 위해 우리 모두 함께 헌신하는 시간을 가져 봅시다

2) 나누어야 할 사역 (교회 공동체)

우리는 이 땅에서 예수님을 꼭 빼닮은 작은 예수로 복음을 전하는 순례자임을 다시 한번 명심합시다. 그리고 그렇게 살도록 합시다.

3) 나누고 섬겨야 할 과제 (예비신자 오이코스)

2천년 전 예수 그리스도께서 이 땅에 오셔서 사람들을 섬겼듯이, 우리도 작은 예수가 되어 이 땅의 모든 사람을 섬기고 예수님의 손과 발이 됩시다. 지금부터 내 주위 가까운 사람들부터 소중히 여기며 예수님의 마음으로 섬깁시다.

[참고 문헌]

Augustine. 고백록(Confessions). 선한용 역. 서울: 대한기독교서회. 2003.

A Kempis, Thomas. 그리스도를 본받아(The Imitation of Christ). 조항래 역. 서울: 예찬사. 1984.

Brother Lawrance. 하나님의 임재연습(The Practice of the Presence of God). 오현미 역. 서울: 좋은 씨앗. 2006.

Foster, Richard J. 영적훈련과 성장(Celebration of Discipline). 권달천, 황을호 공역. 서울: 생명의 말씀사. 1986.

Frost, Michael. 일상, 하나님의 신비(Eyes Wide Open). 홍병룡 역. 서울: IVP. 2002.

Gire, Ken. 묵상의 창(The Reflective Life). 윤종석 역. 서울: 두란노. 2000.

--------. 영혼의 창(Windows of the Soul). 윤종석 역. 서울: 두란노. 2000.

Law, William. 경건한 삶을 위한 부르심(A Serious Call to Devout and Holy Life). 서울: 크리스챤 다이제스트. 2002.

Loyola, Ignatius. 영신수련(the Spiritual Exercises). 정제천 요한 역. 서울: 이냐시오 영성연구소. 2005

Merton, Thomas. 고독 속의 명상(Thoughts in Solitude). 장은명 역. 서울: 성바오로. 1993.

--------. 묵상의 능력(The Inner Experience). 윤종석 역. 서울: 두란노. 2006.

McGrath, Alister E. 기독교 영성 베이직(Christian Spirituality: An Introduction). 김덕천 역. 서울: 대한기독교서회. 2006.

Nouwen, Henri J. M. 상처입은 치유자 (The Wounded Healer). 이봉우 역. 서울: 분도출판사. 1982

--------. 영적 발돋음(Reaching Out). 이상미 역. 서울: 두란노. 1998.

Peterson, Eugene H. 다윗:현실에 뿌리박은 영성(Leap Over A Wall). 이종태 역. 서울: IVP. 1999.

--------. 한 길 가는 순례자(A long Obedience in the Same Direction). 김유리 역. 서울: IVP. 2001.

--------. 현실, 하나님의 세계(Christ Plays in Ten Thousand Places). 이종태, 양혜원 역. 서울: IVP. 2006.

Thompson, Marjorie J. 영성훈련의 이론과 실제(Soul Fest: An Introduction to the Christian Spiritual Life). 고진옥 역. 서울: 은성. 2000.

Tozer, A.W. 임재체험(Man: The Dwelling Place of God). 이용복 역. 서울: 규장. 2007.

--------. 하나님을 추구함(the Pursuit of God). 이영희 역. 서울: 생명의 말씀사. 2000.

Unknown(익명). 무지의 구름(the Cloud of Unknowing). 엄성옥 역. 서울: 은성. 2000.

Willard, Dallas. 영성훈련(The Spirit of the Disciplines). 엄성옥 역. 서울: 은성. 1993.

유해룡. 하나님 체험과 영성수련. 서울: 장로회신학대학교출판부. 1999.

이상만. 영성이 이끄는 삶. 서울: 오이코스. 2009.

--------. 52코스 영성&전도 생활훈련(전도생활). 서울: 오이코스. 2012.

허성준. 수도 전통에 따른 렉시오 디비나. 왜관: 분도. 2003.

한국교회의 미래를 여는
52코스 영성&전도 생활훈련

영성생활, 전도생활
두 생활로 부흥하라!

영성생활
1-26코스

전도생활
1-26코스

영성은 삶이다

1단계 영성생활로의 초대
2단계 영성생활의 뿌리와 줄기
3단계 기독교 영성의 역사
4단계 치유의 영성
5단계 관계의 영성
6단계 일상의 영성
7단계 열매 맺는 영성생활
8단계 영성의 최고봉

전도는 삶이다

1단계 전도는 성경대로 사는 삶이다
2단계 행복한 전도자가 되자
3단계 오이코스전도를 생활화하기
4단계 관계 속에 길이 있다
5단계 얼굴전도지 활짝 펴세요
6단계 은사에 따라 즐겁게 전도하기
7단계 열매 맺기
8단계 오이코스를 향한 불타는 열정

오이코스 두생활 시스템

1년차 영성과 전도의 생활화 ➡ **2년차** 갑절의 부흥을 주옵소서

52코스 영성&전도 생활훈련

영성생활 1-26코스
전도생활 1-26코스

52코스 배가행진 미러클 프로젝트

인도자
훈련생

1년 동안 52코스 기본기 다지기 ➡ **오이코스 관계전도 집중하기**

오이코스 두생활센터

Tel 02-409-3452 oikoskorea.com